JOCKEYS

# ジョッキーズ

## 歴史をつくった名騎手たち

島田明宏

イースト・プレス

# はじめに

西郷従道から藤田菜七子まで——。

本書にもうひとつサブタイトルをつけるとしたら、そんなところか。

前者は明治政府の重鎮、後者は平成から令和にかけてのアイドルジョッキーである。

なぜ西郷が登場するのかは本文を読んでいただくとして、本書では、日本で活躍した騎手たちのプロフィールや物語を、近代競馬の黎明期から紹介していく。

昔から、レースの勝敗は「馬7人3」の割合で決まると言われている。

「人」はもちろん騎手を意味する。

走るのは「馬」である。「人」の占める割合は「3」もないと思われる方もいるだろう。確かに、超一流と言われる騎手が乗っても、そうではない騎手より、せいぜい半馬身差か、首差ぐらい、あるいは頭差ぐらいしか速くゴールさせることができないかもしれない。ちなみに、半馬身というのは1・2メートルほどだ。しかし、そのわずかな差が、馬の将来を大きく変えてしまうこともある。頭差だけ出て大きなレースを制した馬は種牡馬となり、2着に負かされた馬の終着地は食肉市場になってしまうこともあり得るのだ。

　騎手が鞍上にいなければ、馬は、まっすぐ走ることもできなければ、馬群のなかでエネルギーを溜めることも、スターティングゲートからゴールまでペース配分をすることもできない。

　騎手はまた、物言わぬ馬の代弁者でもある。勝因や敗因を語るだけではなく、例えば、最後の直線で騎手がどのくらい大きなアクションで追っているかで、外から見る私たちは、その馬の余力を推し量ることができる。そうした意味でも代弁者と言える。

　それゆえ、一流騎手はみな雄弁だ。本書に登場する保田隆芳、前田長吉などはけっして多弁ではなかったが、短い言葉や、騎乗、生きざままで、私たちに語りかけてくるものは実に多い。

　そうした騎手たちが活躍してきた背景にざっと触れておきたい。

　日本の近代競馬は、江戸時代の終わりに横浜の居留外国人によって行われたレースから始まった。明治時代後期に大きな転機が訪れる。日露戦争である。日本は勝利するも、ロシアのコサック兵に苦しめられ、国産軍馬の馬格や輸送力、戦闘力が、欧米諸国の生産馬に比べ大きく劣っていることが明らかになった。そうした事態を憂慮した明治天皇は、馬匹《ばひつ》を改良すべしとの勅命を下す。それにより、富国強兵策の一環の国家事業として、日本は「活兵器」である馬匹の改良に取り組むことになる。馬匹強化の実験、実践の手段となったのが競馬だった。

　そう、馬は軍需資源で、競馬は国力増強のための国策だったのだ。ゆえに、太平洋戦争が激化してもも競馬はつづけられた。また、終戦後、ＧＨＱによる財閥解体によって小岩井農場（財閥の岩崎家所有）が競走馬の生産を中止することになったのも、強い馬づくりが国力増強につながるとみなされていたからだ。

戦後、競馬は純然たるレジャーとなってつづけられ、今に至る。

では、戦前の競馬にスポーツ性やレジャーとしての魅力がなかったのかというと、そうではない。明治の終わり、サラブレッドは性質が敏感すぎて戦場での適応力に疑問があるとされ、軍馬改良の主役はアングロノルマンになろうとしていた。それでも前出の小岩井農場などではサラブレッドの輸入と改良をつづけた。サラブレッドのスピードに魅せられ、優れた種を保存していこうという気概を持ったブリーダーはその時代にも存在したのだ。

そうした背景を持つ競馬というスポーツにおいて、主役である馬を少しでも速く走らせようとしてきたのが騎手である。社会における競馬の位置づけがどう変わっても、騎手たちが追い求めてきたものは変わらなかった。

本書を手に取った方が、時代の流れを感じながら、個性豊かな騎手たち――ジョッキーズの物語に触れる時間を楽しんでいただければ、これにまさる喜びはない。

２０２０年2月吉日　著者

※本書の勝利数などのデータは２０１９年12月末現在のものです。
※現役騎手の「現役年数」は２０１９年現在です。
※特に断りのない「リーディングジョッキー」表記は中央競馬の年間最多勝利騎手の意です。
※本書では日本の競馬サークルの慣例に従い、１マイル＝１６００メートル、１ハロン＝２００メートルとして表記しています。

Contents

Contents

幕末期に誕生した
日本の洋式競馬を牽引

# 西郷従道

［さいごう・じゅうどう／つぐみち］

**政府の重鎮が日本人馬主兼
騎手として近代競馬初勝利**

Saigo Judo/Tsugumichi

| | |
|---|---|
| 生年〜没年 | 1843〜1902 |
| 出身地 | 鹿児島 |
| デビュー年〜引退年 | ― |
| 現役年数 | ― |
| 所属 | ― |
| 所属厩舎 | ― |
| JRA通算勝利数（重賞勝利数） | ― |
| 地方・海外通算勝利数 | ― |
| 特記事項 | 幕末・明治時代の武士・軍人（元帥）・政治家（海相など）。西郷隆盛の弟だが西南戦争では薩摩側に参加せず、政府に残る |

西郷従道肖像写真（国立国会図書館蔵）

日本で初めての洋式競馬は、1862(文久2)年春、横浜新田(現在の中華街のあたり)に設けられた円形馬場で居留外国人によって行われた、とされている。それに先立ち、1860(万延元)年に、横浜本村の馬蹄形の馬場で洋式競馬が行われたという記録もある。

洋式競馬は「近代競馬」と言い換えることもできる。その定義は「外部と仕切られた専用のコースで、主催者が制作した番組表に従って開催される競馬」といったところか。のちに根岸競馬場を運営する日本レースクラブの前身となった横浜レースクラブは1866(慶応2)年に発足したとされているが、同クラブは前述した1862年の洋式競馬を主催したという意味の記録もある。日本の近代競馬の起こりは、やはり1862年とすべきなのか。

その後も居留外国人による競馬は行われたのだが、コースとして使われたのは、イギリス軍の駐屯地など、専用の競馬場ではなかった。そのため、居留外国人から競馬場をつくってほしいという要望が出るようになった。1864(元治元)年に幕府が英米仏蘭の各国公使と交わした「横浜居留地覚書」の第1条にも、外国人のための競馬場を設置する、と記されている。

しかし、どこに競馬場をつくるかが問題だった。というのは、日本初の近代競馬が行われた1862年に、現在の横浜市鶴見区生麦付近で、薩摩藩の行列を横切った外国人を薩摩藩士が斬りつけて政治問題となる「生麦事件」が起きるなど、攘夷派による外国人襲撃事件が頻発していたからだ。そうした事件に巻き込まれないよう、東海道などの大きな道から少し離れ、日本人と外国人が接触することが少ない場所ということで、根岸村の高台が選ばれた。そこには居留外国人が馬の遠乗りをする遊歩道がつくられており、好都合だったのだ。

そして、1866年初夏から英駐屯軍ポンド中尉による設計・監督のもとコースの工事が行われ、1周1764メートル、幅28・8メートルの馬場が秋に完成した。また、英土木建築技師ウィットフィールドとドーソンが設計し、棟梁松之助の指示のもと、幕府が費用を負担して150名収容のスタンドもつくられ、日本で初めての本格的洋式競馬場である根岸競馬場が誕生した。

根岸競馬場で初めてレースが行われたのは、竣工の翌年、1867年の1月だった。冬季競馬として、好天のもと、8つのレースが行われた。初年度はほかに春季、秋季開催が2日間ずつ行われ、翌年からは春秋2回の開催に。1869（明治2）年からは春秋それぞれ3日間、1897（明治30）年からは4日間、1931（昭和6）年からは8日間ずつの開催となった。太平洋戦争の激化により、1942年限りで中止されるまで、76年間、競馬が行われた。

コースは右回りだった。というのは、馬見所（スタンド）から見て左側は奥に向かって下る傾斜地になっていたからだ。左回りにすると、その急な坂を馬見所に向かって上ってくることになり、非力な在来和種には不可能だった。それで右回りにしたわけだが、1コーナーの下り坂は勢いがつきすぎ、騎手たちにとっては怖いコースだったという。コースは当初砂馬場だっ

「ザ・ファー・イースト」1870年11月16日号掲載の根岸競馬場の写真。手前の農民はちょんまげを隠している（馬の博物館蔵）

たが、遅くとも1870（明治3）年秋季開催までには芝馬場に変更されている。

在来和種と中国産馬の競走が組まれ、やがて、在来和種にトロッターやアラブなどの洋種馬を配合した雑種馬も加わった。

横浜レースクラブが運営した根岸競馬場のレースに参加していたのは、当初、居留外国人だけだったが、特別会員として日本人も参加するようになっていった。

1876（明治9）年、一部の英国人中心のクラブ運営に不満を抱いていた居留外国人が横浜レーシングアソシエーションを結成。横浜レースクラブとの対立を深めていったが、1878年に和解して合併、横浜ジョッキークラブとなった。会員数は130人余り。しかし、会員減と財政難で行き詰まり、2年後の1880年、日本レースクラブが設立される。日本人の入会が正式に認められ、名誉会員には宮家、正会員には西郷従道、松方正義、伊藤博文、井上馨といった明治政府の重鎮が名を連ねた。

同年6月7日から9日まで、日本レースクラブによる初めての開催（春季開催）が施行された。そのとき「The Mikado's Vase Race」が行われ、明治天皇から優勝馬主賞品（金銀銅象嵌銅製花瓶一対）が下賜された。これが天皇賞の起源である。

翌1881年の春季開催2日目の5月10日、初めての天覧競馬が行われた。以降、1899（明治32）年5月9日まで、明治天皇は、根岸競馬場に13回も行幸している。

根岸競馬場の近くで生まれ、少年時代を過ごした国民的作家の吉川英治（1892〜1962）は、自叙伝『忘れ残りの記』でこう述べている。

まだ横浜競馬も初期だったせいか、一般にも競馬を汚れたものと見るふうはなかった。特に、天覧競馬のレース当日などは、横浜中の祭典といってもよかった。市中もその話題で持ちきって、スペインの牛祭か何かのような騒ぎだった。

別の著書『折々の記』でも、天覧競馬の様子を記している。

鹵簿《ろぼ》はたしかオープンの三頭立て馬車で、道幅せまい相澤の貧民街も通ってゆく。その両側に、ぼくら小學生も立ち竝んだことがある。みんなで紙旗を打振るのが、鹵簿の車輪やお體にも觸れるほどだつた。白い手袋とニコ〳〵したお顔が、小學生や貧民街の人々や競馬ファンにこたへて行かれた。（※「鹵簿」は行幸の行列のこと）

こちらは旧表記のままなので、多少読みづらいかもしれないが、華やかで、心浮き立つような雰囲気が伝わってくる。

明治天皇の行幸は、根岸のほか、1884（明治17）年に開場した上野（不忍池）など、全国の競馬場や馬産地などへ50回以上に及んでいる。

草創期の根岸競馬場は、「鹿鳴館外交」と呼ばれた明治政府の外交政策と密接な関係にあった。前述した日本レースクラブによる初めての開催に、先述した西郷従道、松方正義、伊藤博文、井上馨のほか、黒田清隆、川村純義、榎本武揚、大山巖、土方久元、品川弥二郎ら政府首脳が顔を揃えていたこともそれを示している。彼らは、欧米のスポーツである競馬を通じて各国外交官や居留外国人と親睦を深めようとした。根岸競馬場は、国際交流を目的とする社交場となっていたのである。明治天皇がたびたび競馬場に行幸したのは、不平等条約の是正など、政治的な意味もあったという見方もされている。

また、根岸競馬場は治外法権が適用されたため、日本の刑法で禁止されていた賭けが当初から行われていたようだ。イギリスと同じブックメーカー方式や、宝くじのようなロッテリーだったと思われる。

そして１８８８年、現在のように、主催者が賭け金から一定の手数料を差し引いて的中者に配分するパリミューチュエル方式の馬券を、日本レースクラブが売り出すようになった。

そのおかげで日本レースクラブの財政は潤い、根岸競馬場の施設を整備したり、オーストラリアから洋種馬を輸入したりするなど、さらなる発展を遂げていく。

この根岸競馬場の開設当初から運営に関わり、日本人馬主第一号として知られているのが、先にも触れた西郷従道（１８４３～１９０２）である。

西郷は、日本でおそらく知らぬ人のない薩摩藩士、西郷隆盛（１８２８～１８７７）の15歳下の弟である。長兄の隆盛の影響で尊王攘夷運動に参加。戊辰戦争に従軍したのち、新政府に出仕する。１８７３年に隆盛が下野したときも、１８７７年に西南戦争を起こしたときも、従道は兄と行動をともにすることなく、政府に残った。文部卿、陸軍卿、農商務卿を歴任。第１次伊藤内閣で初代海軍大臣に就任。日清、日露戦争の戦功を認められ侯爵に叙位。１８９８年に元帥となるなどした、薩摩藩の重鎮であった。

その西郷が横浜レースクラブの主催する競馬に関わっていたころは、「オーナーズアップ」という、馬主が自ら騎乗するレースが行われていた。1875（明治8）年の秋季競馬で西郷が愛馬ミカン号に乗って挙げた勝利が、日本人馬主による初勝利であった。「オーナーズアップ」の場合、馬主はすなわち騎手であるので、日本人騎手として、近代競馬で初勝利を挙げたのも西郷従道だった、と言っていいだろう。

1875年というと、隆盛が征韓論をめぐって下野した2年後であり、西南戦争が勃発する2年前である。前年の1874年、陸軍中将となった西郷は、その年の台湾出兵で蕃地事務都督として軍勢を指揮していた。

近代競馬は、その黎明期から、軍靴の音が高まるなか、発展を遂げてきたのである。

明治時代の根岸競馬で
スター騎手誕生

# 神崎利木蔵

［かんざき・りきぞう］

国民的作家が憧れたヒーロー

Kanzaki Rikizo

| | |
|---|---|
| 生年～没年 | 1864～1922 |
| 出身地 | 兵庫 |
| デビュー年～引退年 | 1880（?）～? |
| 現役年数 | — |
| 所属 | — |
| 所属厩舎 | — |
| JRA通算勝利数（重賞勝利数） | — |
| 地方・海外通算勝利数 | — |
| 特記事項 | 吉川英治の自叙伝に記述される |

神崎利木蔵肖像写真（馬の博物館蔵）

明治期の根岸競馬場では、多くの馬主が開催日に休暇を取り、所有馬に騎乗してレースに参加していた。しかし、同じレースに所有馬を2頭以上出走させるときや、腕に自信のない馬主は、クラブの認可を得て別の人間を騎乗させた。

やがて、体重の軽い日本人を乗り役として雇う居留外国人が現れるようになり、プロの日本人騎手が誕生する。

日本人プロ騎手第一号は、下総御料牧場出身の松村亀吉という説もあれば、陸軍省軍馬局の久保田太郎という説もある。

その明治期にスター騎手として活躍したのが大野市太郎（1862～1917）である。父の馬の世話を手伝っていたとき、馬主のニコラス・フィリップ・キングドン（1829～1903）の目に留まり、馬の世話係として丁稚奉公を始める。そして14歳だった1876（明治9）年、根岸秋季競馬で騎手としてデビュー。11月18日のシルクカップでザジヤツジ号に騎乗し、初勝利を挙げた。根岸のほか、上野不忍池や三田育種場でも騎乗し、44歳まで現役をつづけた。

もうひとり、明治期の花形騎手として知られているのが神崎利木蔵（1864～1922）である。

その頃の名騎手カンザキの名は、ぼくら幼童の耳にも、英雄の如きひびきと憧憬をもたせたものである。

西郷従道の章でも触れた作家の吉川英治は自叙伝『忘れ残りの記』にそう書いている。吉川は子供のころ横浜の遊行坂に住んでおり、家の前から根岸競馬場の芝が見えたという。吉川の父は仕事で外国人との折衝が多く、居留外国人を中心とする競馬の主催者とも付き合いがあった。家でもよく競馬の話をしていた。そんな父に連れられ、吉川は何度も根岸競馬場に足を運んだ。

成人したら騎手になりたいと空想したのも、この遊行坂時代だった。名ジョッキーとして人気の絶頂にあった神崎騎手の邸宅がすぐ近くにあった。袖垣にバラをからませた鉄柵の門から内を覗くと、中央に広い草花のガーデンが見え、両側が長い厩舎となっていて、奥に宏壮な洋館があった。東京の羽左衛門という千両役者であるとか、新橋の洗い髪のお妻とか、ぽん太とかいう名妓であるとか、やれ大臣だとか何だとかいう種類の人々の俥や馬車がよくそこの門に着いていていた。

少年時代の吉川にとって、競馬は夢のように華やかなイベントだった。先にも記したが、毎年のように根岸競馬場に行幸した明治天皇のオープン馬車を、吉川は、日の丸の小旗を手に迎えていた。

そうした世界で活躍するヒーローが神崎だったのだ。

吉川は神崎をこうも描いている。

　そしてその花形の人、神崎の苦ミ走った容貌と外出の騎乗姿は、お伽話の中の騎士のようにぼくら子供の眼には映じて、ひどく印象的だった。

『日本の競馬』（若野章）には、馬券禁止時代の1909（明治42）年、活路を求めてロシアのウラジオストックに遠征した人馬のなかに「神崎利喜蔵」の名がある。ひと文字違っているが、おそらく神崎のことだろう。

神崎は晩年馬主となり、イロハ号で1922（大正11）年の帝室御賞典（阪神春季）を優勝するなどしているから、吉川が描写した神崎の住まいは、ヨーロッパ風の外厩だったのではないか。案外、神崎は鞭一本で財を築いたのではなく、もともと資産家の御曹司などで、馬乗りの才能に恵まれていた人物だったのかもしれない。

いずれにしても、神崎利木蔵が、国民的大作家・吉川英治が憧れた名騎手であったことに違いはない。

吉川が書いた『三国志』『宮本武蔵』などは、国民的ベストセラーとなり、今なお読み継がれている名作だ。その吉川が作家ではなく騎手になっていたら、日本の文学史ばかりか、歴史まで変わっていたのではないか。少年時代から体が小さく、長じてからも体重が40キロ台だったというから、騎手を夢見たのも頷ける。

神崎らスタージョッキーが華麗な騎乗を見せていた根岸競馬場では、1905年、馬主に最高の栄誉を与えるべく、天皇から毎年継続して御賞典が下賜されるエンペラーズカップ（翌年の池上秋季から「帝室御賞典」に統一）が行われた。

また、同年、桂太郎内閣によって馬券の発売が黙許された。すると、翌1906年11月と12月に4日間、東京競馬会主催の池上競馬場で、日本人の手による初めての馬券発売を伴う競馬が行われ、大盛況に終わった。それに先立ち、日本レースクラブは同年1月に社団法人となり、日本レース倶楽部という名称になった。

池上の成功を機に、1907年になると日本各地に競馬倶楽部が設立され、列島は初めての競馬ブームに沸いた。

しかし、主催者の不正が発覚したり、馬券で家を傾ける者が続出したりするなど社会問題となった。根岸競馬場でも、1着同着の馬の片方が斤量違反をしたため払戻しなしとしたら客が火を放った騒擾事件が起きた。

そうした状況のなか、翌1908年10月に新刑法が施行され、馬券発売が禁止された。以降、1923（大正12）年に競馬法が制定されて馬券発売が正式に認可されるまで、日本の競馬界は苦しい運営を強いられた。

そうした負の面もあったが、当時の根岸競馬場の資料をひもとくと、「日本競馬の父」安田伊左衛門の愛馬スイテンが出走していたり、最年少ダービージョッキー・前田長吉の最初の師匠だった北郷五郎も騎乗していたりと、近代競馬の黎明期を支えたホースマンのダイナミックな動きが感じられる。大正時代から昭和にかけては、のちに初代ダービージョッキーとなる函館孫作や、「大尾形」と呼ばれる尾形藤吉らも騎乗し、帝室御賞典の優勝騎手として名を連ねている。皐月賞の前身の横濱農林省賞典四歳呼馬が1939（昭和14）年から行われるなど、戦時中も、入場者数と売上げを伸ばしていた。

しかし、前述したように、戦争の激化により1942年限りで開催は休止。翌年6月に閉場式が行われ、根岸競馬場は76年の歴史に幕を下ろした。

# 競馬と「馬産」が結びつき盛りあがった戦前競馬のエース

# 函館孫作

［はこだて・まごさく］

日本競馬を変えた初代ダービージョッキー

Hakodate Magosaku

| | |
|---|---|
| 生年～没年 | 1889～1959 |
| 出身地 | 北海道 |
| デビュー年～引退年 | 1906（？）～1937 |
| 現役年数 | — |
| 所属 | 目黒➡中山 |
| 所属厩舎 | 高橋孔照➡絹川安松➡函館孫作 |
| JRA通算勝利数（重賞勝利数） | — |
| 地方・海外通算勝利数 | — |
| 特記事項 | 第1回東京優駿大競走で勝利 |

1932年、第１回東京優駿大競走（日本ダービー）を制覇したワカタカと函館孫作（JRA）

函館孫作。1932（昭和7）年に行われた第1回東京優駿大競走の勝利騎手、つまり、わが国の「初代ダービージョッキー」である。

孫作の生涯をたどる前に、第1回日本ダービーが実施されるまでの経緯から見ていきたい。

先に述べたように、1908（明治41）年に馬券の発売が禁止され、競馬関係者は苦難の時代を迎えていた。そこから抜け出すべく「日本競馬の父」安田伊左衛門が奮闘した。のちに日本中央競馬会初代理事長となる、この安田の尽力によって、1923（大正12）年、競馬法が制定され、馬券の発売が認められるようになった。

翌1924年、陸軍少将石橋正人は「馬の世界」誌上で「日本ダービーを創設せよ」と題する論文を発表した。また、同年の「九州馬事月報」誌には、続秀太郎が「日本ダービー競馬の現出を望む」という一文を寄せている。そうした声を背景に、安田は日本ダービー創設に向けて動き出した。そして、1930（昭和5）年4月、安田が会長をつとめる東京競馬倶楽部が、英国ダービーに範を取った「東京優駿大競走」の第1回を1932年春に施行することを発表した。その趣意書（＝東京優駿大競走編成趣意書）を意訳すると、次のようになる。

「より強い馬をつくるために、全国から駿馬を集めた大レースを行う。旧（馬齢表記変更前の年齢）4歳春に行うので、生産者はそれに間に合うよう育成をしっかりやってほしい」

賞金は1着1万円、2着3500円、3着2000円（付加賞を除く）。それに対し、生産者賞が1着1500円、2着800円、3着500円と厚めだった。帝国ホテルの宿泊料が5円、労働者の月収が50円ほどの時代だから、かなり高額であった。

全国の生産者は大いに刺激され、1930年10月の第1回出馬登録数は168（牡92、牝76）頭に上った。競馬法の制定によって競馬界全体が活気づき、さらに、この日本ダービーの創設によって「競馬」と「馬産」の結びつきが強化された。「ダービーを勝つために馬をつくる」という動きは、このときから本格的に始まり、現在に至っているのだ。

当時、日本のサラブレッドの仕上がりは欧米より半年ほど遅れていたため、ダービーは秋にすべきだという声や、春にするなら2400メートルは長すぎるという意見もあった。しかし、安田は「旧4歳春にクラシックディスタンスで行う」という基本線を変えなかった。

かくして1932年4月24日、第1回東京優駿大競走が、出走馬19頭を集め、目黒競馬場で行われた。なお、目黒競馬場は右回りであった。当日は前夜からの雨で、馬場は不良。

春季東京競馬第5日に行われたこのレースは、第2日の帝室御賞典とともにJOAK（NHKラジオ）によって初めて実況中継された競馬となった。

ただいま花の散った葉桜、青々とした蔭、緑濃き葉桜の下に19頭の馬とユニフォーム華々しい騎手がずらりと並んでおります。

アナウンサーは、六大学野球の実況で知られた松内則三であった（「馬の世界」１９３２年６月号「東京優駿大競走の実況放送」より）。

1番人気に支持されたのは、前走、デビュー2戦目の新呼戦で、悪化した馬場をものともせず、2着を10馬身離して勝ったワカタカだった。当時は旧3歳による競馬が施行されていなかったため、ダービー出走馬は総じてキャリアが浅かった。

スタート地点はスタンドから見て向正面《むこうじょうめん》の左奥にあった。

バリヤーがはね上がると、函館孫作のワカタカが1番枠から飛び出し、アサハギ、ワコーレイコウ、アサヤスがつづいた。2周目の向正面でアサハギが逃げるワカタカに並びかけ、各馬のペースが上がった。依然としてワカタカが先頭を堅持している。4コーナー手前からオオツカヤマが伸びてきて、内で2番手を行くアサハギに並びかけた。それらを尻目にワカタカはさらに加速し、追いすがるオオツカヤマを4馬身突き放し、栄えある初代ダービー馬の座についた。終始他馬に競られる厳しい展開でありながら、圧倒的なスピードで逃げ切った。場内を埋め尽くした９３５１人の観衆は、興奮のあまり、しばし声も出ないほどだったという。

ワカタカの父トウルヌソルは、下総御料牧場が１９２７（昭和2）年にイギリスから11万4５００円で輸入した種牡馬で、このレースに6頭もの産駒を出走させていた。同年、小岩井農場が輸入したシアンモアの産駒は4頭。それら6頭のトウルヌソル産駒はすべて下総御料牧場、4頭のシアンモア産駒はすべて小岩井農場の生産馬だった。

千葉の下総御料牧場は、その名のとおり、皇室のための穀類や野菜、食肉、乳製品などの「御料」を生産する、いわば「皇室の台所」であった。と同時に日本の獣医学発祥の地でもあり、さらに御料乗馬や競走馬の生産を行っていた。

対する岩手の小岩井農場は、共同創始者の小野義真（日本鉄道会社副社長）、岩崎彌之助（三菱社社長）、井上勝（鉄道庁長官）の3名の頭文字をとって「小岩井」と命名された。

かたや皇室、かたや財閥が所有する「二大牧場」による日本ダービーのタイトル争奪戦は、急成長を遂げた民間牧場を巻き込みながら、その後もつづくことになる。

大正末期は10〜20万人台だった年間入場人員は、第1回日本ダービーが行われた次の年、1933年に100万人を突破し、戦前の最盛期へと向かっていった。

また、1943（昭和18）年の競馬会の機関誌「優駿」2月号の「優駿競走を顧みて」（文・菅井操＝競走馬生産者協会理事長）に興味深い記述がある。

普通2400メートルのごとき中距離競走は、最後の半マイルから激烈な追い込みで競馬するのであるが、この優駿競走に限って、スタートよりダッシュして馬にちょっとのゆるみも与えず、最後の決勝点に至るまで激烈に追うため、真の優秀馬でなければこの競走に勝利は得られない。幸運やチャンスに恵まれて勝つということはこの競走に限って絶対にあり得ないのである。

ダービーは日本の競馬のスタイルを激変させたのである。その第1回をワカタカの背で制した孫作は、日本の競馬史のターニングポイントにおける重要人物と言える。

函館孫作は、旧姓を千歳と言い、1889（明治22）年10月28日、北海道の森町で生まれた。生家は宿屋を営んでおり、使役馬が2～3頭いた。

父が「日本馬術の英雄」として知られる函館大経の弟子として数年過ごした関係で、孫作は16歳のとき函館大経に弟子入りし、翌年には早くも騎手になり、ジンソー、アオヤギといった馬で勝ち星を挙げている。

函館家は代々養子家系で、函館大経のあとを継いで養子となったのは、大経の実弟の函館大次だった。その「本家」で大次を継いだのは、血縁では大次の甥にあたる函館大政である。

孫作は、21歳のころ、つまり、1910（明治43）年ごろ、函館大次の養子となった。大次の妻の姪と結婚したとき函館家に入籍したものと思われる。

それから孫作は東京に出て、１年ほど高橋孔照の世話になり、その後、絹川安松厩舎の所属騎手となった。孫作は、天皇賞のルーツとも言える東京の聯合二哩を、１９１３（大正２）年にシンコイワヰ、翌年もインタグリオで勝っているのだが、どちらも「千歳孫作」の名で騎乗している。彼が函館姓を名乗るようになるのはそのあとだったようだ。

　さらに、天皇賞の前身である帝室御賞典を、１９２０年４月に東京でロロー（このときはもう「函館孫作」として騎乗していた）、同年５月に横浜でスワコ、１９２２年５月に福島でホーンビーム、１９２５年５月に横浜でトニー、同年６月に福島でチャペル、１９２９年７月に札幌でアストラスト、１９３２年６月に福島でキングセカンド、同年10月に東京でワカタカに騎乗して勝っている。

　ほかにも多くの「ＧⅠ級」のレースを勝っていながら、繋駕《けいが》（ひとり乗りの馬車を速歩で曳いて行う競走。トロッターとも言う）にも、また、ときには障害レースにも騎乗していた。

　ワカタカでダービーを勝ったとき、孫作は42歳。そのとき彼は、目黒に厩舎を構える調教師でもあった。当時のレギュレーションでは、調教師もレースに騎乗することができたのである。

　孫作がダービーを制する85年前――。

「日本馬術界の英雄」として名を馳せ、養子縁組で孫作の祖父となった函館大経は、１８４７

（弘化4）年、北海道様似の幌満村で斎藤源吉の四男として生まれた。名は義三郎。幼少のころ箱館（のちの「函館」）で他家の養子に入って小野義三郎となり、1861（文久元）年、剣術を学ぶため江戸に出た。このとき16歳。義三郎は、横浜のフランス公使館で西洋馬術を習い、その後、上野の寛永寺で謹慎していた最後の将軍・徳川慶喜の警護にあたった。函館出身の義三郎は、1868（明治元）年4月11日まで寛永寺にいた慶喜に「函館、函館」と呼ばれていたことから、「函館」に改姓したという。

函館大経は競馬界にも大きな人脈をひろげ、大久保福松、武彦七、杉浦武秋、佐々木勇太郎、坪内元三郎、徳田伊三郎、函館大次、菅野小次郎、二本柳省三といった弟子たちが、騎手・調教師として活躍した。

函館大経の名前に関して、つとに知られる「伝説」があるので、紹介したい。

陸軍省兵学寮で馬を扱うようになっていた義三郎は、1870（明治3）年9月23日、のちに靖国神社となる東京・九段の招魂社で天覧競馬に出場した。兵部省が主催し、招魂社境内の一周900メートルの楕円形の馬場で行われる洋式競馬である。

義三郎は、横浜レースクラブ所属の外国人騎手とマッチレースを行うことになった。

シルクハットをかぶり、黒の乗馬服に白の乗馬ズボンというスタイルの義三郎の馬が先手を取った。が、ハプニングが起きる。義三郎のシルクハットが風で飛ばされてしまったのだ。彼は天皇の御前で無帽では無礼だと思い、馬を止めた。

外国人騎手の馬が義三郎を追い越して行った。

義三郎は鞭で帽子を拾い上げ、再び騎乗馬を走らせた。そして、フランス流の当たりのやわらかな騎乗で、少しずつ外国人騎手との差を詰めた。最後の直線、鋭く伸びた義三郎の馬は、ゴール寸前で外国人騎手の馬を差し切った。

見事な騎乗に、観衆から大きな拍手が沸き起こった。

レースを見ていた明治天皇も、義三郎の戦いぶりにいたくご満悦だった。そして、開拓使次官の黒田清隆に「あれは誰か」と下問した。

「函館出身の者でございます」

黒田がそう答えると、天皇はこう言って大いに喜ばれた。

「函館か。大慶じゃ」

これを機に義三郎は姓を「函館」、名を大慶になぞらえて「大経」としたという——。

しかし、靖国神社の記録では、東京招魂社で競馬が始まったのは、その翌年の明治4年となっている。ここで天覧競馬が行われたのを明治5年とする文献もあれば、大経が出場したのは横浜の居留外国人が根岸で開催した競馬で、「勝ってめでたい、大慶至極」と褒めたたえたのは黒田清隆だとする資料もある。さらに、先述したように、函館姓を名乗るようになったのは徳川慶喜の影響だという「定説」もある。

いずれにしても「函館」というのは、今から150年ほども前の出来事にちなんでつけられた、重みのある姓なのである。

孫作は、その函館本家からは分家したような格好だが、独立した「函館厩舎」を持ったのは、安田伊左衛門の厩舎を譲り受けたことが始まりだった。また、先に名を挙げたロロー、ホーンビーム、トニー、チャペルなどの馬主は、福島電灯会社経営などの実業で成功をおさめ、福島競馬場開設に尽力し、衆議院議員もつとめた大島要三である。そうした事実から、孫作が、実力者との結びつきを背景に、日本の競馬界において独自の地位を築いていたことが推察される。

孫作は、1933（昭和8）年に東京競馬場が目黒から府中に移ったのを機に、自身の厩舎を中山に移した。

その孫作と血のつながりのある厩舎関係者が、今、日本にひとりだけいる。

船橋競馬場で調教師として厩舎を構える函館一昭。孫作の孫である。一昭の父・政一は旧姓を米谷と言い、中山で騎手をしていたときに孫作の三女と結婚し、孫作の養子になった。

一昭が生まれたのは1949（昭和24）年4月、孫作が60歳になる年の春だ。

その年の暮れか翌1950年の早い時期に孫作は中山を離れ、同年5月に開場した大井競馬場に移籍した。そして、その後ほどなくして船橋競馬場に移っている。

孫作は1959年4月に亡くなっている。したがって、一昭と孫作の生涯で重なっているのは、孫作の調教師としての最晩年であり、人生最後の60代の10年間ということになる。

「記憶にあるおじいちゃんは、西部劇が大好きで、よく映画に連れて行ってもらいました。東京・有楽町あたりの映画館です。帰りにバナナの叩き売りを見たことなども覚えています」

『日本の名馬・名勝負物語』（中央競馬ピーアール・センター）の「ワカタカ・第1回ダービー優勝馬と名騎手函館孫作」に、孫作はこう描写されている。

話しぶりも非常に静かで、いくぶんしゃがれ声で、ぽつり、ぽつりと話していた。ときに冗談を言って天狗山（＝調教師が調教を監視する場所、筆者注）でみんなを笑わせていたこともあるが、どっちかといえば謹厳で、無口のほうであった。

そうした雰囲気も、顔も、一昭は孫作の面影を伝えている。一昭は、中学・高校は進学校として知られる開成に進んだ。日大農獣医学部の学生だったころ、友人と北海道の牧場に遊びに行った。牧場の場長が、彼が孫作の孫であることを知ったときの驚き方などから、祖父の偉大さを思い知らされたという。

しかし、祖父から直接ワカタカでダービーを勝ったときの話などをしてもらった記憶はない。

「ただ、馬をいじめるのだけは許さない人だった。いじめなくても、ちゃんと教えれば馬はわかる、という考え方だったから」

さて、ときは再び昭和の初め、函館孫作が目黒に厩舎を構えながら馬に乗っていた時代にさかのぼる。1929（昭和4）年3月、孫作のもとに鈴木勝太郎（1913～1999）が入門した。孫作門下の「二大巨頭」のもうひとり、高橋英夫（1919～2013）が入門したのは、厩舎が中山に移ったあとの1935年6月。すでに鈴木は函館厩舎を離れていた。

高橋英夫は、1919年1月、北海道上川郡の新得で生まれた。周囲には馬の生産牧場が多く、特に繋駕レースに出る「ダク馬」がたくさんいた。小さいころから馬に乗っていた高橋は、自然と騎手に憧れるようになった。孫作の弟が高橋の家の近くで自転車屋を営んでいた縁で、高橋は函館厩舎に入門することになった。

ほとんど状況を把握せぬまま中山に出てきた16歳の高橋は愕然とした。

函館厩舎には、馬が5、6頭しかいなかった。それも怪我をしている馬とか故障上がりの馬ばかりで、満足に競馬に使える馬は一頭もいなかった。

第1回日本ダービー優勝の栄光からわずか3年後のことである。

「函館さんは、ジョッキーとしては一流だったのですが、経営者としての才覚はなかったんですね。ぼくが入ったときには厩舎はずいぶん落ちぶれていました」

そう話す高橋が入門したころ、孫作はまだ馬に乗っていたという。

「昭和12年までは、調教師が騎手を兼業できたんです。だから、函館さんがレースに出たのを、ぼくは何度か見ていますし、調教で一緒に併せ馬をしたこともあります。もう50歳近かったのですが、体が非常にやわらかく、馬乗りは抜群に上手かったですね」

人柄についてはこう言う。

「あまり厳しいところのない、温厚な人でした。口より先に手が出る時代で、叩くときも鞭でひっぱたくのが当たり前だったのに、ぼくは先生に叩かれたことは一度もありませんでした」

ワカタカでダービーを制したときの話を本人から聞いたことはないという。弟子たちに言葉で指導することもなければ、レースの戦術を指示することもなかった。

成績不振は、前述した、孫作の後見人的存在だったと思われる大物馬主、大島要三が、第1回日本ダービーの行われた1932年春に亡くなったことも影響したようだ。

そんな状況下、高橋英夫は弟子入りから2年後の1937年秋、騎手としてデビューした。

しかし、太平洋戦争の戦況が悪化し、1943年に競馬の停止が閣議決定された。そして翌年、中山競馬場は閉鎖され、東京と京都で、馬券の売られない能力検定競走が行われた。

函館厩舎の馬は能力検定の出走馬には選ばれなかった。孫作は、東京の焼け野原で物資を運ぶ馬車部隊に組み込まれた。

戦後、高橋英夫は函館厩舎を離れ、藤本冨良厩舎を経て、1947（昭和22）年からは鈴木信太郎厩舎の所属騎手となっていた。

1949年11月13日、高橋は、函館孫作厩舎のキングナイトに騎乗して優駿牝馬を勝ち、初のGⅠ（級）勝利を達成した。

孫作にとっても、調教師として初めて手にしたGⅠだった。

「追い込んで勝ちました。函館さんも喜んでいましたよ。でも、それから少し経つと、函館さんは何人かの調教師と一緒に大井に移籍してしまったんです」

既述のように、大井競馬場が開場したのが、孫作—高橋師弟による初GⅠ制覇の翌年、1950年であった。

当時の「国営競馬」では、リーディングは年単位ではなく、春と秋の開催に分けて決められ、表彰された。その1950年春、トレーナー部門では鈴木勝太郎が、ジョッキー部門では高橋英夫が1位となった。函館孫作門下のふたりが同時にタイトルを手にしたのである。が、皮肉なことに、師匠が大井競馬場に行った直後のことだった。

高橋は声を落として言った。

「もちろん、ぼくとしては函館先生に中央に残ってもらいたかった。『函館』という姓は、競馬界では大変な重みがあるわけですしね。でも、弟子が師匠に進言するわけにはいかなかったんです」

孫作の大井、船橋での戦績は、両競馬場にも地方競馬全国協会にも残されていない。孫作が地方に移籍したあとも、正月には必ず挨拶に行っていた高橋はこう話す。

「晩年の函館さんは零落して、厩舎に馬が2、3頭しかいなくなっていた。10代のころから面倒をみてもらったぼくにとっては両親と同じような存在ですから、悲しかったです。自分では平坦な……いや、上り坂だと思って選んだ道が、えらい下り坂の道だったんですね」

前出の函館一昭は現役調教師だが、ケーエフネプチュンなどの強豪を管理した、一昭の父の函館政一は、1996年（平成8年）に引退している。

船橋にはもうひとり、函館姓の調教師、一昭より9歳年上の従兄弟の函館喜弘がいたのだが、馬に蹴られる事故に遭い、2004（平成16）年6月7日に亡くなった。

孫作の弟子の鈴木勝太郎は、調教師として1991（平成3）年に引退するまで通算824勝（JRA580勝）を挙げた伯楽だった。彼は、地方から移籍して1973年の皐月賞などを勝った国民的アイドル、ハイセイコーの管理者であった。

そして高橋英夫は、JRAのホースマンとして史上初めて騎手と調教師の両方で通算500

勝をマークした。騎手としては1962年の日本ダービーを含む936勝（JRA561勝）を挙げ、調教師としての520勝には、1983年、ダイナカールでのオークス勝ちが含まれる。このオークスは、社台レースホースによる初のGⅠ（級）タイトルであり、ダイナカールはエアグルーヴの母である。また、厩舎への所属関係こそないが、高橋は、ダイナカールの主戦騎手だった岡部幸雄の師匠としても知られている。

函館孫作からつらなる人脈は、日本の競馬界にしっかりと根を張っている。

# 日本初の女性騎手誕生

# 斉藤すみ

［さいとう・すみ］

## 騎乗を許されないまま引退した悲劇の騎手

Saito Sumi

| | |
|---|---|
| 生年～没年 | 1913～1942 |
| 出身地 | 岩手県 |
| デビュー年～引退年 | — |
| 現役年数 | — |
| 所属 | — |
| 所属厩舎 | — |
| JRA通算勝利数（重賞勝利数） | — |
| 地方・海外通算勝利数 | — |
| 特記事項 | 日本初の女性騎手 |

京都日出新聞　（日曜日）　昭和十一年三月十五日

好きが仕事の初め

ボッブ振立てゝ澄子さんは語る

颯爽たる断髪騎手斎藤澄子さん

厩舎に訪へばすつかりボッブにした男装の麗人は別に新しい職場を拓からとの心

算りで騎手になつたのでなく、只子供の時から好きなことが仕事となつたので辛いとは思ひません、男の人に伍して立派にやつて行けるかどうか、男に負[illegible]ベストをつくします、結婚など只今のところ全然考へてをりません

1936（昭和11）年、京都日出新聞に掲載された斎藤すみの記事

ＪＲＡの女性騎手最多勝記録を更新しつづける藤田菜七子がデビューしたのは２０１６（平成28）年。そのちょうど80年前、日本初の女性騎手が誕生していた。

斉藤すみ。騎手免許を取得した１９３６（昭和11）年、23歳だった（斎藤澄子とする資料もあるが、本書では斉藤すみと記す）。

男社会の競馬界に颯爽と登場した彼女は大いに注目され、複数の新聞がその存在を報じた。

しかし、すみは「女は風紀を乱す」という偏見にさらされ、一度もレースに出ることなく鞭を置くことになった――。

斉藤すみは１９１３（大正２）年１月23日、岩手県厨川村《くりやがわ》（現在の盛岡市の一部）の農家に５人きょうだいの４番目の子として生まれた。初代ダービージョッキーの函館孫作（１８８９～１９５９）より24歳下で、最年少ダービージョッキーの前田長吉（１９２３～１９４６）より10歳上だ。

すみが生まれたのは、行政区は異なるが、前田と同じ「南部地方」である。古来より「南部駒」「南部馬」と呼ばれる良馬の産地として知られ、馬が生活に溶け込んでいた。すみは、人間が暮らす居間や台所と馬房が鉤形につながった、この地方に多く見られる「南部曲屋（まがりや）」で、馬とひとつ屋根の下で寝起きした。いつも大好きな馬の体温と息吹を感じていた彼女は、３歳のころから馬に乗っていたという。

月刊誌「コスモポリタン」1990年6月号所収「斉藤すみの孤独な闘い」で、すみの妹・スケがこう証言している。

「乗るよ」って首下げさして、鼻っつらからとっていて、背中のほうさチャッとまわる。5人の男がどうしようもねえような荒くれ馬でも、姉の手にかかるとピタッとおさまるもんで、すみは馬の生まれ変わりだ、「馬がすみか、すみが馬か」って言われてたでがんす。まるで馬っこと話ができるみてえでした。

しかし、父が亡くなり、母が病に伏すと、家は急速に貧しくなった。

1927（昭和2）年、14歳だったすみは学校をやめ、働くことになった。当時、農家の娘は住み込みの奉公に出て、顔も見たことのない男のもとに嫁ぐのが当たり前だったが、すみは、違う道を選んだ。

彼女は、兄が見つけてきた奉公先に断りの連絡を入れ、父のかつての仕事仲間に弟子入りし、馬喰（馬の仲買人）の見習いとして働きはじめた。そう、大好きな馬と一緒にいられる仕事に就いたのだ。

仕事を始めた彼女の一番の楽しみは、盛岡にあった黄金《こがね》競馬場に連れて行ってもらうことだった。そこで競馬を見ているうちに、彼女は、馬の背で風を切る騎手たちに憧れるようになっていた。

——おらも、騎手になりてえ。

そう思うようになった。が、夢を口に出すことはためらわれた。何しろ「女が寝藁を跨ぐと穢《けが》れる」などと言われていた時代だ。厩舎地区を訪れるたびに冷やかな視線を浴びせられ、自分がこの世界から拒絶されていることを身にしみて感じていた。

しかし、騎手になりたいという思いは日増しに強くなっていった。馬の扱いなら誰にも負けないという自信もあった。

あるとき、すみは、その思いを親方に打ち明けた。

親方は知り合いの馬主に頼み、女でも弟子入りさせてくれる調教師を探した。

すると、福島競馬場で厩舎を構える本多調教師が、弟子として預かってもいいと言ってくれた。ただし、条件があった。

それは、「女であることを隠し、男として修業する」ということだった。

髪形も、着るものも、言葉も、寝る場所も男と同じにする。女であることを周囲に知られたら、それで終わりだ、と。

すみは、髪を短く刈り、胸にさらしを巻いて乳房を押しつぶし、男物の衣類を着て、福島行きの汽車に乗り込んだ。

1929(昭和4)年、16歳のときだった。

かくしてすみは、福島の本多厩舎で、男の下乗り(騎手見習)として働くようになった。男たちと同じ部屋で寝起きするのは気が休まらなかったし、風呂や便所に行くときも大変だった。やはり隠し切れるものではなく、2カ月ほど経ったとき、仲間に問い詰められ、女であることを打ち明けてしまった。仲間たちはしかし、すみが女であることを知って突き放すのではなく、強い思いに共感し、前以上に応援してくれるようになった。

だが、弟子入りから3年が経過し、そろそろ騎手試験を受けられそうになったとき、師匠の本多が脳溢血で倒れた。厩舎が解散し、居場所をなくしたすみは、やむなく岩手の生家に帰ることになった。

1932年、すみは19歳になっていた。生家に戻っても、男の格好をしたままでいた。

その年、目黒の東京競馬場で、第1回東京優駿大競走が行われた。函館孫作のワカタカが初代ダービー馬となったレースの実況中継をラジオで聴いたすみは、いても立ってもいられなくなり、諦めかけていた夢をまた追いかけることを決意する。

すみは、東京競馬場に厩舎を構える谷栄次郎(谷善晴と同一人物)のもとに入門することになった。東京競馬場が目黒から府中に移転した、1933(昭和8)年の秋のことだった。そして、翌1934年に騎手試験を受けた。学科も実技試験も合格だった。しかし、全国の競馬倶楽部をまとめていた帝国競馬協会は、免許の交付を認めなかった。女は風紀を乱す恐れがある、という理由だった。

1935年、谷厩舎が府中から京都に移転すると、すみも一緒に京都に移り、谷のもとで下乗りをつづけた。京都は東京より進歩的だと言われていた。それでもすみは、男装を解くことはなかった。キセルを買って刻みタバコを吸い、より男っぽく見えるように振る舞った。

翌1936年2月、すみは、ついに騎手免許を取得した。16歳のとき福島で修業を始めてから7年。23歳になっていた。ようやく夢が叶った。

2月29日に騎手免許の交付を受け、日本で初めての女性騎手となった。

すみは、3月15日付の「京都日出新聞」社会面トップで紹介された。「春駒に鞭声高らか淀に男装の女騎手」という見出しで、「日本競馬界に新職業を拓く馬の岩手が彼女の産地」とキャッチのついた記事だった。同日付の「神戸又新《ゆうしん》日報」でも「春の阪神競馬から紅一点の女騎手姿も颯爽・斉藤すみ子さん」と報じられた。また、雑誌「馬の世界」4月号でも、「女流騎手の出現」と、取り上げられた。

男の人に伍して立派にやって行けるかどうか、兎に角ベストをつくします。

将来は立派な女騎手になるつもりです。

すみはそう意気込みを述べた。

当初、谷は、すみを馬政第二次計画実施記念として京都で行われる3月14日から22日までの開催でデビューさせるつもりだった。しかし、初陣を勝たないと「ほら見ろ、やはり女はダメだ」という声が高まると考え、有力馬を出走させられる4月3日からの阪神開催まで待つことにした。

それが悪いほうに出てしまった。

あと数日で初陣という日、毎日新聞の前身である「東京日日新聞」に風刺漫画が掲載された。

「女騎手出現」という見出しで、

追込みトタンに猛烈なウインク……

と書かれている。馬上の女性騎手が、後ろから追い上げてくる男性騎手に視線を送るひとコマ漫画だ。

それを問題視した帝国競馬協会からデビューを待つよう命じられた。ほどなく「女性騎手のレース出場はまかりならぬ」と正式な通達が届いた。次々と女性騎手が現れ、勝敗に恋の駆け引きなどが絡むと公正を保てない、ということだった。

すみの夢は断たれた。しかし、希望もあった。ちょうど帝国競馬協会が解散して倶楽部時代が終わり、日本競馬会が新たな主催者になろうとしていた。主催者が変われば、規則も改められるかもしれない。

だが、その願いも叶わなかった。翌1937（昭和12）年から主催者となった（設立認可は前年）日本競馬会の新たな規程には「騎手にありては満十九歳以上の男子にして、義務教育を修了したる者とすることを要す」と、男でなければいけないと明文化されていたのだ。

騎手への道を完全に閉ざされた彼女は、厩務員として働きつづけた。

1940年、中山競馬場の加藤厩舎に移ってからも、男装したまま厩務員をつづけた。しかし、男になり切ろうと心身に過度の負担を強いたことが響いたのか、翌1941（昭和16）年8月22日、肺壊疽のため世を去った。まだ28歳だった。

なお、すみがデビューを予定していたのは速歩、つまり、ひとり乗りの馬車を馬が曳く繋駕競走だった。

すみが免許を取得してからちょうど30年後の1966（昭和41）年、岩手の高橋クニが38歳で騎手試験に合格、日本初の女性騎手として繋駕競走に出場した。平地のレースに出た日本初の女性騎手は、１９６９年に岩手でデビューした、クニの娘の高橋優子であった。

ＪＲＡ初の女性騎手として、細江純子、旧姓・牧原由貴子、田村真来がデビューしたのは１９９６年。さらに20年後の２０１６年、藤田菜七子がデビューした。

その華やかな活躍の陰に、馬と競馬を愛しつづけた「幻の女性騎手」斉藤すみがいたことを、忘れずにいたい。

# 無敗の牝馬クリフジを御して最年少ダービー制覇
# 前田長吉
［まえだ・ちょうきち］
## 戦争が変えた天才騎手の人生

Maeda Chokichi

| | |
|---|---|
| 生年～没年 | 1923～1946 |
| 出身地 | 青森県 |
| デビュー年～引退年 | 1942～1944 |
| 現役年数 | 3年 |
| 所属 | 東京 |
| 所属厩舎 | 北郷五郎➡尾形景造 |
| JRA通算勝利数（重賞勝利数） | 42勝 |
| 地方・海外通算勝利数 | ― |
| 特記事項 | 日本ダービー史上最年少の20歳で制覇 |

1943年、日本ダービーを制覇したクリフジと前田長吉（前田家蔵）

ひとつの奇跡が、激動の時代を生きた若き才能の存在に光をあてた。

その報せは、2006年初夏、青森県東南部をカバーするブロック紙「デーリー東北」によってもたらされた。6月28日付の同紙社会面に「伝説の騎手故郷へ」という見出しの記事が大きく掲載された。それによると、20歳でダービーを勝った翌年、1944（昭和19）年に出征し、終戦後、シベリアで亡くなった騎手・前田長吉（1923〜1946）の遺骨がDNA鑑定で本人のものと確認され、62年ぶりに故郷の青森県八戸市に「帰還」する、というのだ。

海外で戦死した日本人は約240万人。2006年初夏の時点では、半数近い約115万人の遺骨が海外に残されていた。国費によるDNA鑑定が2003年に始まってから、2006年6月までに身元が特定されたのは271人だけ。そのひとりが最年少ダービージョッキーだったのだから、「奇跡」と言っていいだろう。

2006年7月4日、八戸市是川字天狗沢の前田家本家で遺骨の返還式（伝達）が行われた。返還式の場には、前田家の人々、つまり長吉の親族が大勢いた。本家の嫡男である前田貞直（長吉の兄の孫）が、厚生労働省に委託された県の職員から長吉の遺骨を受け取った。長吉の妹の中居しげ（当時78歳、2009年逝去）が兄の思い出について話すなど、「謎の騎手」とされていた前田長吉の姿が親族の証言によって少しずつ浮き彫りにされた。

前田長吉は、1923（大正12）年2月23日、青森県三戸郡是川村（現在の八戸市是川）字

天狗沢の農家に8人きょうだいの7番目の子（4男）として生まれた。前出のしげが末っ子で、長吉より4歳下だった。天狗沢は、岩手との県境に近い、静かな山あいの地である。

前田家では、米やタバコ、リンゴなどを生産していた。農耕馬や馬車馬のほか、サラブレッドの繁殖牝馬も1、2頭おり、競走馬の生産も行っていた。長吉が子供のころは常時7、8頭の馬がいて、彼はいつも馬の世話をしていたという。

長吉は、板の先を熱湯につけてスキーを自作するなど器用な子どもだった。そして、先の章で紹介した斉藤すみと同じように、馬への跨り方で大人たちを驚かせた。まず、馬の横に立って手綱を強く下に引く。それに反発して馬が首を上げる力を利用し、手綱をつかんだままヒラリと背に飛び乗ったのだ。

家にいた馬たちを、仲間たちが合流するので「合山（ごうやま）」と呼ばれていた山に毎日放牧しに行った。馬に乗ったまま、馬の尻を枕に昼寝をした。

馬に乗っているときも、風呂に入っているときも、800年以上の歴史を持つ豊作祈願の民俗芸能「えんぶり」で使う横笛を吹いていたという。

長吉は是川尋常小学校番屋分教場（のちの八戸市立番屋小学校）に通った。1909（明治42）年に開設された歴史ある学校だ。卒業者名簿によると、長吉の同級生は65人と賑やかだった（2011年、他校と統合され廃校になった）。

長吉は、1935年に同校を卒業。14歳になった1937年、八戸市養鶏組合主催の大会において軍鶏の養育部門で入賞した。その賞状が今も残されている。

翌1938（昭和13）年8月30日、帝国馬匹協会の会頭・松平頼壽の名で、長吉に、地方競馬騎手講習会の講習証書が交付された。長吉は15歳。彼は、16歳のとき家出同然に上京し、19歳のとき府中で騎手デビューしたのだが、その前に、地方競馬でレースに出場できる資格を取得していたのだ。

青森県には、長吉の生家から直線距離で5キロほどの八戸競馬場、作家・太宰治の生家に近い金木競馬場、そして青森競馬場の3つの競馬場があった。そのうち、八戸競馬場だけは、長吉が騎手講習会を受けた1938年も競馬が開催されていた。1周1600メートル、幅員22メートルの砂馬場で、（戦後の状態だと思われるが）芝が生えていたところもあった。大井競馬場と同じ全長で、幅が3メートル狭いだけだ。馬券発売が認められていたのは東京や中山など公認競馬の11場だけだったので、投票券付きの入場券が売られていた。といっても、その1938年、八戸競馬場では、秋に2日間の開催が行われただけだった。出場した馬は51頭。

翌1939年4月7日、軍馬資源保護法が公布されて軍馬の鍛練競走が行われることになり、八戸競馬場を含む青森県での競馬開催は休止されることになった。開催再開は戦後まで待つことになる。つまり、長吉が地方競馬の騎手として八戸競馬場のレースに出るチャンスは、19

38年秋の2日間しかなかったのだ。ちなみに、2日間の有料入場者数は5150人だったから、かなりの賑わいだった。この開催の日時や、レース結果に関する資料は、残念ながら見つけられずにいるので、長吉が騎手として出場したかどうかはわかっていない。

そのころ、長吉は、義兄の林崎末太郎とともに、八戸産馬畜産組合(組合事務所は現在の八戸市中心部、八戸武道館近くにあった)に出入りしていた。

八戸競馬場の主催者は青森県産馬畜産組合連合会だった。八戸産馬畜産組合もその一部だろう。長吉も、開催が中止に至った経緯や、その後の見通しなどを理解していたはずだ。当然、東京や中山、京都、阪神などの公認競馬の存在も知っており、組合の重鎮で獣医師の中野重太郎など「中央」につながる人物とも接していたと思われる。

地元で騎手になる(八戸でデビューしていたとしたら、騎手をつづける)可能性が閉ざされたことが、家出同然に上京するきっかけになったのかもしれない。

長吉は、青森県の競馬開催中止が決まった1939年、16歳になった。義兄の林崎末太郎に上京したいと打ち明けたら反対された。それでも気持ちは変わらなかった。

その年の、おそらく6月末までに、彼は2歳下の友人・前田五郎と一緒に故郷を去り、東京に向かっている。

天狗沢の生家を出るとき、家の前で妹のしげとすれ違った。

「兄ちゃん、どこ行くの？」

しげにそう訊かれ、長吉は涙を流した。その夜、ほかの家族が長吉の寝床を見に行くと、まるで人が寝ているかのように布団が盛り上がっていたという。

そうして長吉は上京し、府中に厩舎を構えていた北郷五郎のもとに入門した。

北郷がつくったと思われる、長吉名義の預金通帳が今も残されている。最初に入金された日付は1939年7月3日。その前から長吉が北郷厩舎で働きはじめていたことは確かだ。さらに、長吉が長兄の長太郎に出した葉書には「尾形厩舎へ二月一日から弟子に成りました」と記されている。消印は「昭和15（1940）年3月18日」。北郷は、日本調教師騎手会の会長をつとめた大物で、1940年1月16日に死亡した。

長吉が「優駿」に寄稿した手記には「十七のとしに今は亡くなられた北郷五郎先生のところへ弟子入りをした」とある。これは数え年の17歳だった。手記はこうつづく。

　私が弟子入りをして半年目に北郷先生は亡くなられた。そのときの先生の遺言で、兄弟子の田中（康）さんと馬三頭ほどと一緒に私も尾形先生のところへ引きとられて、どうやら競走へも出られるまでにしていただいたのである。

長吉が記した「半年目」から逆算すると、彼が北郷厩舎に入門したのは1939年の7月中旬ということになる。預金通帳の日付などと照らし合わせると、長吉が家出同然に上京したのは、1939年の6月下旬か7月の初めだろう。そして、北郷が亡くなった半月後に、8歳上の田中康三（1915〜1989）と、北郷の管理馬とともに尾形藤吉厩舎に移籍した。

競馬評論家の大川慶次郎（1929〜1999）は著書『大川慶次郎回想録まっすぐ競馬道――杉綾の人生――』にこう書いている。

それより私はこの馬（＝クリフジ、筆者注）のデビューから引退までの十一戦すべてに騎乗した、前田長吉騎手のことがずっと気になっています。彼は、クリフジとともに彗星のように現れて、消えてしまった人なのです。この人のことは、ほとんどの競馬資料をひっくり返しても、名前以外のことはまったく出てきません。

そんな「謎の騎手」の足跡が、次第に明らかになってきた。

移籍から2年後の1942（昭和17）年2月7日、騎手講習会を修了した長吉に、「日本競馬会理事長正七位勲四等安田伊左衛門」の名で、講習証書が交付された。「下乗り」と呼ばれる騎手見習だった彼は、レースで騎乗できる「見習騎手」になった。

その3カ月後の5月10日、長吉は、東京の抽籤新馬（芝1800メートル、8頭立て）で騎手としてデビューする。騎乗馬は尾形厩舎の旧4歳牝馬ハルクサ。1番人気に応え、8馬身差で逃げ切った。この年、12戦5勝2着2回4着3回5着2回、勝率4割1分7厘という素晴らしいスタートを切った。

デビュー2年目の1943年、長吉は一頭の名馬とともに大きく羽ばたく。牝馬のクリフジである。クリフジは千葉の下総御料牧場の生産馬で、父は英国から輸入されたトウルヌソル、母は競走馬時代ケンユウという名で5勝した賢藤。旧3歳時のセリで、のちに日本馬主協会連合会の会長となる栗林友二《ともじ》（1898〜1977）が4万円で落札した。ダービーの1着賞金が1万円だったことから、かなりの高馬だったことがわかる。

当時は旧3歳のレースはなく、競走馬は旧4歳でデビューした。また、クラシックの日程や施行競馬場も現在とは異なり、1943年は、4月11日に皐月賞、5月9日に桜花賞、6月6日にダービー、10月3日にオークス、11月14日に菊花賞という順で開催された。

クリフジは同年の2月の調教中、自分の後ろ脚で前脚を蹴って骨膜炎を発症し、仕上がりが遅れたため皐月賞に間に合わなかった。結局、デビューは5月16日、東京の新呼馬（1着）になった。陣営が使いたいと思っていたかどうか定かではないが、その1週間前に中山で行われた桜花賞も、同様に間に合わなかったと思われる。

クリフジは、6月6日、デビュー3戦目の日本ダービーに臨んだ。スタートで大きく出遅れたが、長吉は慌てて前を追いかけることなく後方待機策を取った。そして勝負どころから押し上げ、直線で鮮やかに抜け出し、6馬身差で圧勝した。弟子の評価には厳しかった尾形をも唸らせる騎乗だった。20歳3カ月で勝った長吉は、最年少ダービージョッキーとなった。その記録は今も破られていない。

長吉は、ダービー優勝を報じた「優駿」を、満州の牡丹江に駐留する友人に送っている。その友人から長吉への礼状（葉書）を、長吉の兄の孫の前田貞直が見つけて明らかになった。友人の名は伊藤信雄。葉書にはこうある。

北郷さんに居た時から、小さくて、真面目な、ハイ、ハイ、と東北人特有の返事をして働いて居た君が目の前に浮かんでくる。

さらに、この年28歳になった田中康三を「康さん」、23歳の八木沢勝美を「八木沢君」と呼んでいることから、伊藤は20代半ばか後半だろう。同世代の騎手たちより先に召集されたのは、比較的体が大きかったからか。ということは、騎手ではなく、北郷厩舎から長吉とともに尾形厩舎に移った厩務員だったのかもしれない。

寡黙で、控え目で、真面目な努力家。礼儀正しく、謙虚で、あまり笑わない――というのが、親族や、出征前に少しだけ接点のあった兄弟子の保田隆芳（1920～2009）の話や、「優駿」の手記などから浮き上がってくる長吉の人物像だ。

それに加え、この葉書が、友達思いの優しい男だった、ということを教えてくれた。

前田長吉は、牝馬のクリフジでダービーを勝った翌月、1943年7月23日、府中で徴兵検査を受けた。当時、男子は原則国民皆兵で、1927（昭和2）年に公布された兵役法により、20歳になったら徴兵検査を受けることが義務づけられていた。身長、体重、筋肉の強健さ、トラホーム（伝染性結膜炎）の有無、視力、聴力などを調べられ、上から甲種、第一乙種、第二乙種、第三乙種、丙種、そして兵役に適さない丁種に分けられた。「現役に適す」とされる甲種と乙種は身長152センチ以上、「国民兵役に適す」とされる丙種は145センチ以上、「不合格」の丁種は145センチ未満。

長吉は「丙種」と判定された。遺品の「體力手帳」には1940～42、44年の身長、体重、胸囲などが記されており、徴兵検査前年の42年の身長は146・6センチ、検査翌年の44年は147・7センチだった。43年は147センチほどだった思われる。おそらく、身長が足りなかったから丙種にされ、それゆえすぐには召集されなかったのだろう。

そのおかげで彼はクリフジに乗りつづけることができた。丙種判定を示す「検査終了之證」が2013年の秋、前田家本家で見つかった。長吉が生家に送った葉書や手紙、クリフジの馬主の栗林友二から長吉宛ての書簡、長吉がクリフジの調整過程を記したメモなどが見つかったのもほぼ同じ時期だ。

長吉の葉書は前述した厩舎移籍に関するもので、手紙は2通。うち1通は、下乗り時代の1941年の秋季東京開催終了後に出したものだ。次のような書き出しで近況を知らせている。

拝啓段々寒くなりました。
其の後は皆様には御変りは有りませんか。僕は元氣で居りますから御安心下さい。

もう1通は、1943年の秋、クリフジとともに京都競馬場に滞在したとき、半分に切った原稿用紙に記したもの。

拝啓阪神競馬前半戰も終りました。
私は前半三日間に三回競馬に乗って二回勝ちました。第一日には藤本厩舎のバラアキラで一着になりました。バラアキラは太平牧場の所有者大川義雄様の馬です。この大川様を競馬場では（タイヘイ）と言って居ります。
それから第二日目にはクリフジ号でまた第一着となりました。これでクリフジ号は四戦四勝です。まだ一回も負けたことはありません日本一の馬です。十月三日には阪神優駿牝馬競走があります。クリフジ号はたいがい一着になれると思います。賞金は一萬四千円です。

この年の秋季阪神開催は、阪神競馬場が海軍に引き渡されたため、京都競馬場で行われた。「大川義雄」は前出の競馬評論家、大川慶次郎の父で、「阪神優駿牝馬」は現在のオークスである。クリフジは、長吉が手紙で自信を見せていたとおり、デビュー5戦目のオークスを10馬身差で圧勝し、無敗の変則二冠馬となった。

その10日後、10月13日の日付で、栗林が「栗林商船株式會社」の社用箋に記し、京都競馬場に滞在中の長吉に送った書簡も保存されている。そこには、調教師の尾形藤吉が来社し、クリフジの状態がいいと聞いて喜んでいる、と達筆で記され、こうつづいている。

京都農林省典競走（原文ママ）には参りますが、先ず注意して調教をやって下さい。別便を以て砂糖少々御送りいたしましたので、砂糖湯にでもして呑んで呉れ給へ。

戦時下、砂糖は貴重品だった。栗林商船のあった東京では、2年前の1941年9月から、マッチ、小麦粉、食用油とともに配給切符制が実施されていた。長吉にとって、嬉しい差し入れだっただろう。栗林の書簡にある「京都農林省典競走」、正しくは「京都農商省賞典四歳呼馬」は現在の菊花賞。そこに向けた調整過程を、長吉は秋季京都開催の番組表（冊子）の裏表紙に鉛筆でメモしている。

29――十五十五デ一廻リ八分目
31　クリフジ勝負末カル馬ナリ

尾形厩舎の3歳牝馬ヨシサカエについても同様のメモが残っている。クリフジの帯同馬だったと思われる。

このように、長吉は、クリフジに付きっ切りで世話をし、史上初の変則三冠制覇（ダービー、オークス、菊花賞）を達成したのである。

長吉は、その1943年の秋、藤本冨良厩舎の旧5歳牝馬バラアキラで5戦5勝の成績をおさめた。騎手の収入となる進上金の内訳を、同年12月19日付で「前田長吉殿」と、藤本が記したと思われる便箋も見つかった。賞金の合計が1万1000円で、進上金が550円。当時も進上金は賞金の5％だった。職業野球の入場料が1円、大卒官吏の初任給が75円、ダービーの1着賞金が1万円の時代にあって、長吉はかなりの収入を得ていたようだ。

彼は、翌1944年6月4日、所属する尾形藤吉厩舎のヤマイワイで第6回桜花賞を制し、クラシック4勝目を挙げた。当時の桜花賞は中山四歳牝馬特別という名称だったが、中山競馬場が陸軍に引き渡されたため、この年は東京競馬場で行われた。戦況悪化により、競馬は、観客がおらず馬券を売らない能力検定競走として行われていた。そんななか、クリフジは東京で3戦3勝。通算成績を11戦11勝とした。これは今なおJRAの最多全勝記録となっている。

長吉は、8日間開催された1944年春季東京能力検定競走最終日の6月18日、資料で確認できる限り3鞍に騎乗している。ひと鞍目は前日からの連闘となったヤマクリゲで1着、2鞍目はシゲハヤで臨んだ第13回日本ダービーで2着、3鞍目はヒメトリアに騎乗した最終レースで3着。これが彼の最後の実戦騎乗となった。

主催者の日本競馬会は、同年9月30日付で、選抜した調教師、騎手、見習騎手を職員、騎手候補者と厩務員を傭人として雇用した。長吉にも、

騎手ニ任ス三級俸ヲ給ス

と記された免状が交付された。

次に出場するレースは、12月に京都で行われる能力検定競走になると思われた。しかし、その機会が訪れることはなかった。

長吉は、10月14日に臨時召集され、戦地に赴くことになったのだ。

召集令状、いわゆる赤紙は、その日付より前に届いていたはずだ。ということは、9月末に競馬会に身分と給与を保証されてからすぐだったと思われる。

厩舎関係者が府中でひらいてくれた壮行会で「別れがつらい」と涙を流した彼は、青森の是川村に一時帰郷する。家出同然に上京してから5年ぶりの帰郷であった。子どものころ八戸産馬畜産組合に連れて行ってくれた義兄を訪ねたり、競馬で使った長靴を従兄弟にプレゼントしたりしたことが、親族の証言で明らかになっている。

召集の日付は「このときまで指定された場所に来るように」という意味だ。長吉に送られた赤紙は見つかっていないが、そこに記されていた地名は、所属した第１０７師団の兵士が集まった弘前だと思われる。

出征する長吉に餞別を贈った人と金額のリストも見つかった。最初に「昭和十九年十月十三日出発」と記されている。親族や近隣の人は2円や5円がほとんどだが、師匠の尾形藤吉は百円、何度か長吉を起用した調教師の岩佐宗五郎は30円、兄弟子の田中康三は20円、弟弟子の野平祐二らは10円だ。

長吉は、召集日前日の10月13日に、数名の親族とともに3つの神社にお参りしながら八戸駅（現在の本八戸駅）まで歩いて汽車に乗り、戦地へと旅立った。

さらに、長吉より5歳下の甥・長一が農兵隊入りしてからの動きを記したメモも出てきた。おそらく、長一の父で、長吉より21歳上の長兄・長太郎が記したものと思われる。そこには「十二月四日長吉入営の為帰農」と書かれ、その左に「長吉五日」とある。入営に備えて12月4日に一時帰宅した長吉は、翌5日に出発し、八戸駅から弘前を経由して第107師団の駐屯地である旧満州のアルシャンへと向かった、ということか。

どこから船に乗り、大陸のどこに上陸したかは不明だが、彼が赤紙を受け取ったのとほぼ同時期の1944年9月末、第107師団は旧満州の牡丹江に移動した。前年「優駿」を送った伊藤信雄が駐留していた地だ。

同年6月、第107師団輜重兵第107連隊第1中隊に転属した長野出身の中山武は、補充兵の教育班係長であった。その中山から1991年9月、前出の前田長一に送られた手紙にはこう書かれていた。

軍服姿の前田長吉（前田家蔵）

特に前田長吉様は入隊前競馬の騎手をされておったとか小柄な人ではあったが、軍隊では中々の人気者で、中隊中の者から親しまれ、ハリキって軍務に精励された方でした。

260名ほどいた中隊で、長吉を知らない者はいなかったようだ。ほかの兵士が尻込みするような任務でも、「前田がやります！」と積極的に引き受けた。第107師団は終戦を知らされずに戦いつづけたが、1945年8月29日に武装解除。旧ソ連軍の捕虜となり、シベリアの強制収容所に抑留された。劣悪な環境のなかチタ州のボルトイ収容所で強制労働に従事していた長吉は、翌1946年2月28日、世を去った。前夜まで元気に話していたのだが、翌朝、寝床で冷たくなっていたという。死因は栄養失調。5日前に23歳になったばかりだった。

若くして歴史的女傑クリフジに乗ることのできた幸運。戦争のため、デビュー3年目で騎手人生を絶たれた不運。すべてを静かに受け入れ、極寒の地で眠った天才騎手が、60年以上の時を経て自身の魂と足跡を現代に蘇らせた。

前田長吉が愛した日本の競馬を、しっかりと見つめていきたい。

戦後日本初の海外遠征・騎乗スタイルの革命

# 保田隆芳

［やすだ・たかよし］

モンキー乗りの開祖にして伝説の名騎手

Yasuda Takayoshi

| | |
|---|---|
| 生年〜没年 | 1920〜2009 |
| 出身地 | 東京都 |
| デビュー年〜引退年 | 1936〜1970 |
| 現役年数 | 35年 |
| 所属 | 東京 |
| 所属厩舎 | 尾形藤吉 |
| JRA通算勝利数（重賞勝利数） | JRA1295勝（重賞114勝） |
| 地方・海外通算勝利数 | — |
| 特記事項 | 中央競馬史上初の通算1000勝達成、史上初の八大競走完全制覇 |

アメリカに向かう飛行機内のハクチカラと保田隆芳（保田家蔵）

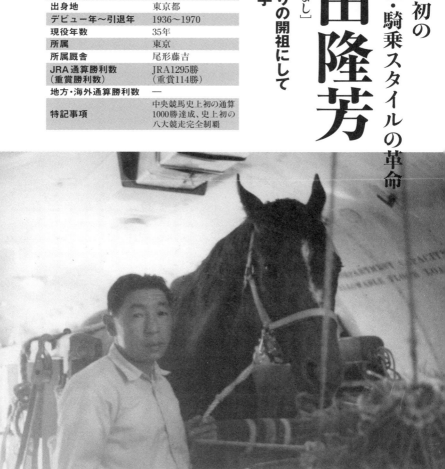

騎手として史上初の通算１０００勝、八大競走（皐月賞、ダービー、菊花賞、桜花賞、オークス、天皇賞・春／秋、有馬記念）完全制覇、そして戦後初の海外遠征など、いくつもの偉業をなし遂げた伝説の名手。それが保田隆芳（１９２０〜２００９）である。

保田は16歳だった１９３６（昭和11）年の秋、東京競馬場で騎手としてデビューした。３年目の１９３８年にはアステリモアで阪神優駿牝馬（オークス）を優勝。18歳８カ月の最年少クラシック制覇記録を樹立する。翌１９３９年、帝室御賞典（天皇賞）と中山四歳牝馬特別（桜花賞）を制するなど若くして活躍するも、１９４０年の12月、中国に出征。１９４６年２月に復員し、同年10月の競馬再開と同時に騎手として復帰するまで５年以上のブランクを経験する。20代前半という、アスリートにとって最も大切な時期に５年以上も競技から遠ざかったことは、普通なら大きなマイナスになるはずだ。ところが、保田は、それをボヤいたり、何かの言い訳にしたことはなかった。軍隊にいたころは体重が60キロにまで増えてしまい、復帰後も普段は57キロほどもあったという。ただ、それも、環境のせいではなく自身の元々の体質であるかのように受け入れ、汗取り（サウナ）を繰り返し、50キロの斤量にも合わせて騎乗した。そして、「大尾形」と言われた尾形藤吉厩舎の主戦騎手として勝ち鞍を重ねた。

徹底的にストイックで、強靱な心身の持ち主だった。アメリカに初めて遠征したのは38歳のとき。史上初の八大競走完全制覇を達成したときは48歳。１９７０（昭和45）年、引退レースの京王杯スプリングハンデキャップを制したのは50歳になる前月だった。平均寿命も国民の豊かさも今とは異なる時代に、50歳まで第一線で戦いつづけたのは驚異と言うほかない。

保田が競馬史に刻み込んだ数々の輝かしい足跡のなかでも、特に眩い光を放っているのは、1958（昭和33）年、ハクチカラとともにアメリカに遠征してモンキー乗りを習得し、それを日本に普及させたことだろう。それには伏線があった。保田は、映画館で流れるニュース映画でケンタッキーダービーなどの映像を見て、危機感を抱いていた。日本では、鐙を長くして上体を起こし、両脚で馬体を挟む天神乗りが普通だった。それに対し、アメリカの騎手は、鐙を短くして背中を水平にし、馬の首に張りつくモンキー乗りをしている。これから日本の競馬はスピード化が進む。競馬先進国の騎手と同じ乗り方をしないと、世界の流れから取り残されると考えていたのだ。

また、ハクチカラの馬主・西博も、アメリカ遠征に関して悔しい思いをしていた。所有馬のハクリヨウが、1954年、ローレル競馬場からワシントンDCインターナショナルへ、日本馬として初めて招待を受けた。そして羽田空港から出発しようとしたのだが、飛行機の貨物室が狭すぎて乗ることができず、遠征を断念したのだ。

ハクリヨウは、菊花賞や、天皇賞・春などを制した強豪だった。保田は、騎手引退後、「優駿」1970年5月号の大橋巨泉との対談で、次のように述べている。

馬自体は、一番強かったと思うのはハクリヨウだ。あれだけ強い馬には、ぼくは会ったことがない。日本で最初にワシントンの国際レースに招待されたが、飛行機が出なくて、断念した。あれが行っていれば勝負になったでしょう。

戦後初の海外遠征になるはずだった渡米が中止の憂き目を見た4年後、再び、海を渡るチャンスが来たのだ。モンキー乗りを会得したいと強く思っていた保田は、アメリカでジョッキーライセンスが取得できるという保証はなかったにもかかわらず、ハクチカラに同行させてほしいと申し出た。ハクチカラにカイバを与えたり、馬体を洗ったりという厩務員としての業務もこなすつもりだった。

この遠征は、招待者のハリウッドターフクラブが費用の一部を負担し、日本中央競馬会も補助する、という形で行われた。すべてが初めてのことだった。出発の前週、オークスが行われた日の昼休み、保田はハクチカラに乗って東京競馬場の芝コースを走り、お披露目をした。さらにファンの前で挨拶をするなど、競馬界を挙げての大壮行会となった。

陣営が最大目標に定めたのは、7月12日にハリウッドパーク競馬場（2013年閉場）で行われるハリウッドゴールドカップだった。1着賞金は10万ドル。1ドルが360円の時代なので3600万円。日本ダービーの1着賞金が200万円だったから、実に18倍である。

走破時計においても彼我の差は大きかった。ハクチカラは前年、芝2600メートルの有馬記念を2分49秒0で勝っていた。ハリウッドパークでは、2年前のサンセットハンデキャップで、59キロを背負ったスワップスがダート2600メートルを世界レコードの2分38秒2で走破していた。その差は10秒以上。

アメリカの競馬は、日本の人馬にとって、遥かに見上げる高みで行われていたのだ。

1958年5月26日、羽田空港で、日本初の競走馬の空輸が行われようとしていた。保田隆芳とともにアメリカに遠征するハクチカラの輸送である。これは日本の人馬による戦後初の海外遠征でもあった。日本では、牛や豚といった家畜の空輸さえ行われたことがなかった。ゆえに、ハクチカラを運ぶためにチャーターされた飛行機は通常の旅客機、ノースウエスト航空のDC―4型機だった。機体には「HAKUCHIKARA-RACEHORSESPECIAL」と大きくペイントされている。このプロペラ機の座席を外して、馬をつなぐスペースをしつらえたのだ。

荷台にパレットを積み重ねたトラックがバックして、機体側面の乗降口に車体後部を寄せた。パレットと乗降口は同じ高さになっている。そのパレットの上に、大型クレーンで吊るされた木製のコンテナがそっと乗せられた。コンテナには、ハクチカラと担当厩務員の中沢徳次が入っている。まず、コンテナの機体側の扉をあけ、ハクチカラを後ろ向きに入れようとした。

そうすれば下が見えないので怖がらないだろうと考えたからだ。口を持つ中沢が、胸前を押してハクチカラを後ろ向きに歩かせ、機内に後ろ脚を踏み入れた。すると、馬体の重みで尾翼側が浮いて機体が動き、機体とコンテナの隙間が大きくなってハクチカラが動けなくなった。やむなく、いったんコンテナを地面に降ろし、馬主の西博が鼻面を撫でたりニンジンを与えたりとひと休みしてから積み込み作業を再開した。誰の発案かはわからないが、後ろ向きではなく、頭のほうから前向きに歩かせてみたら、思いのほかすんなりと乗り込んだ。

すべてが初めてだった、この積み込み作業に2時間ほどかかってしまった。

乗降口は人間用なので高さがないし、機内も、馬が首をちょっと高くすると頭が当たってしまうほど天井が低い。そのため、ハクチカラは両耳の間に衝突よけのスポンジをつけていた。

機内の写真を見ると、おそらく機体の前方と思われるところに、ハクチカラがおさまる木製の枠が設置され、天井からカイバ桶が吊るされている。そのさらに前には、保田と、通訳として同行した商社、野澤組の石田礼吉、そして数名のアメリカ人乗務員のために、いくつかの座席が取り外されずに残されていた。

この飛行機のチャーター代は1万6000ドル（576万円）で、遠征費の総額は1000万円ほど。うち300万円を日本中央競馬会、180万円を招待者のハリウッドターフクラブが補助し、残りの500万円以上を馬主の西博が負担した。国家公務員の平均月給が2万円弱、ダービーの1着賞金が前述のように200万円だったから、相当な額である。

「ハクチカラ、バンザーイ！」という見送りの人々の声に送られ、DC—4型機が動き出した。すっかり陽が落ち、滑走路では赤や青の光が明滅している。午後8時になろうとしていた。前日、ハクチカラより2歳下の王者を決める第25回日本ダービーが行われた。ダイゴホマレが勝ち、保田のシヤチオーは10着だった。そして、この日の朝、東京競馬場のプール脇で壮行会が行われたあと、ハクチカラは馬運車で羽田空港に運ばれてきた。長い一日だった。

だが、保田にとって、機内での、そして到着後のハクチカラの世話という大切な仕事が始まるのはこれからだ。その模様を保田自身がメモした手帳が残されている。私がその存在を知ったのは、2012年12月、保田の家で写真などの遺品を見せてもらっていたときだった。手帳は小さな紙袋に入っていた。そのほか、この遠征時に取得したカリフォルニアのジョッキーライセンスも一緒に出てきたので、ちょっと興奮してしまった。

手帳の5月26日の欄には「午後7時55分出発」と記されている。27日の欄にはこうある。

午前1時、目をさますと外は太陽が上がって明るい。馬の状態は変りなし。給油の為約一時間コウルドベー（午前10時着）に休機。シヤトル19時47分着。

チャーター機は、1958年5月26日午後7時55分に羽田空港を飛び立ち、現地時間の27日午前11時ごろ、目的地のロサンゼルスに到着した。その31時間ほどの空の旅と、到着後の検疫の様子などを、保田は手帳に書き残している。5月27日のメモのつづきはこうだ。

22時10分シヤトル出発。シヤトルにて馬の検えき及び物品の検査をうける。飛行機の中は食物は充分で日本の飛行機とは多分にちがう。誠に良くせつびが出来ている。

「食物」とは、馬主の西博が大量に差し入れた、巻き鮨やサンドイッチ、ビールなどだった。同乗していたアメリカ人乗務員には、ハクチカラが暴れて安全に支障をきたすと判断した場合、銃で射殺する権限が与えられていた。しかし、ハクチカラは、初めての飛行機での移動にも動じることなく、おとなしくしていた。

28日のサン・ペドロの検疫所での様子は次のように記されている。

日本時間午前3時40分ロサンゼルス到着。飛行機より降す時、実にすなをに降りる。降して検えき所に自動車ではこぶ道が良いので時速80キロ位で飛ばして行く。検えき所は馬屋でなく自動車置場の側にをそまつな一頭入る小さな小屋に入れられてしまった。

人間の寝る所が無くて自動車の中で一夜明す。

ロサンゼルス空港で降りたときは、馬用の傾斜のゆるいタラップが用意されていたのでスムーズだったという。29日についてはこう書かれている。

朝1時間乗運動をして寝かす。検えき所は自動車置場で人はこず入口の門は鍵をかけてあるから、まるで島流にあった様でたいくつで一渉も外に出られない。しかし、検えき所の役人は人が良いので、朝コーヒーにドーナツを持って来てくれる。石田君が昼の食事を町に買いに役人の自動車で買いに行く。

丁寧に記された細かな文字から、この遠征のすべての時間を大切にし、見たこと、感じたことをしっかり五官に刻みつけようという強い気持ちが伝わってくる。

このメモを記した5月29日の夕方、ハクチカラは検疫を終え、ハリウッドパーク競馬場のボブ・ウィラー厩舎に入った。翌30日の朝、保田はハクチカラに跨り、ハリウッドパーク競馬場のダートコースで初めて調教を行った。その日は土曜日で、競馬開催日だった。主催者のハリウッドターフクラブから、午後のレースの合間にハクチカラに乗ってスタンド前を試走してみないかと提案があった。保田は快諾した。第3レースと第4レースの間、5万人ほどの観客の前で、保田はハクチカラを走らせ、最後の2ハロンほどを強めに追った。現地の騎手たちのモンキー乗りとは違っても、馬上での安定感や馬を動かす技術の高さが伝わったのだろう、保田は大きな拍手と喝采につつまれた。日本の人馬による初めてのデモンストレーション走行は現地で大きなニュースになったと同時に、別の効果をもたらした。それまでは、現地のレースでハクチカラに乗る騎手として、日系人のジョージ・タニグチが有力候補とみなされていた。このとき29歳で、前年144勝を挙げたトップジョッキーのひとりだ。

ところが、保田の騎乗を見た現地の関係者の間で、保田を乗せるべきだという声が高まりはじめたのだ。そして、彼のジョッキーライセンス取得の手続きが進められ、保田は、6月3日、日本人騎手として初めてカリフォルニアのジョッキーライセンスを取得した。

現地で行動をともにしていた野澤組の石田礼吉は、慶応大学馬術部出身で馬を扱うことができたので、グルーム（厩務員）とジョッキーエージェントのライセンスを取得した。

2日後の6月5日、ハクチカラの出走に先立ち、保田は、ダート1400メートルのレースに出場することになった。騎乗馬はスクリーミングアロー。日本のレースは跳ね上げ式のバリヤーで行われていたので、これが保田にとって初めてのスターティングゲートからの実戦となった。

左から保田隆芳、世界的名騎手のウィリアム・リー（ビル）・シューメーカーとジョージ・タニグチ（保田家蔵）

現地で初めて調教に騎乗してから1週間弱。モンキー乗りに近いフォームで騎乗する練習を繰り返していたが、鐙のベルトを穴ひとつ短くするだけでもバランスの取り方が大きく変わり、苦労した。ジョッキールームに入ると、バレット（騎手のサポート役）が馬具や勝負服などを用意してくれた。日本にはこうした騎手専用のスペースはなかったし、バレットがいると騎手はレースに集中できる。そして、馬場入りするときは出走各馬に「ポニー」と呼ばれる誘導馬がついた。馬を落ちつかせるためだ。さらに、「ゲートボーイ」と呼ばれる係員がゲートに入って出走馬の手綱をつかみ、スタートの瞬間、出遅れないよう送り出してくれる。保田のスクリーミングアローは、ウィリアム・シューメーカら現地のトップジョッキーの騎乗馬と横並びの速いスタートを切った。一団となった馬群の好位につけ、第3コーナーに進入。直線での追い込みにかけたが、馬に余力がなく、12頭立ての11着でフィニッシュした。ブービーとはいえ、海外初騎乗でありながら、果敢に好位につけ、騎乗馬の力を出し切った。そんな保田の騎乗に、ハクチカラを預かる調教師のボブ・ウィラーをはじめとする関係者は熱狂した。「日本でも競馬をやっているのか？」という程度の認識だった現地の関係者の評価を、保田はこうして着実に高めていった。

しかし、その一方で、ハクチカラの状態が今ひとつ上がってこなかった。ソエやコズミが出たので調教を軽めにし、現地の高カロリーの飼料を食べたため、体に余裕がありすぎた。そこでカイバの量を減らしたら寝藁を食べてしまい、朝晩の寒さのせいか風邪をひいてしまったのだ。3～5ハロンの短い距離を追うアメリカ式の調教法から、15―15（1ハロン15秒のペースで走らせること）を長めに乗る日本式の調教法に戻したら、少しずつ状態が戻ってきた。それでも本来の出来ではなかったため、当初目標にしていた賞金5万ドルのアメリカンハンデキャップではなく、賞金7500ドルのアローワンスに出走することにした。

かくして、ハクチカラの渡米初戦、つまり、日本馬による戦後初めての海外での実戦は、1958年7月2日、ハリウッドパーク競馬場ダート1700メートル9頭立てのアローワンス（一般競走）になった。調教で走り慣れたコースとはいえ、ハクチカラにとってダートでの実戦は初めてだった（日本の中央競馬ではまだダートのレースは行われていなかった）。初物尽くし、しかも前年の有馬記念（1着）以来約7カ月ぶりの実戦で復調途上だったこともあり、勝ち馬から15馬身ほど離されたしんがりに終わった。なお、同じレースに騎乗していたジョージ・タニグチが、「発馬の瞬間たてがみをつかんでいるといい」とアドバイスしてくれたという。2戦目、中5日の7月8日にハリウッドパーク競馬場ダート1600メートルで行われたマンチェスター賞でも、中団から失速して最下位という結果に終わった。しかし、惨敗のなかにも光明はあった。それは走破時計だった。アメリカでは勝ち馬のタイムしか発表されないが、ハクチカラは1分40秒ほどで走り切っていた。深くてクッションの利いたこのコースで、日本の芝とそう変わらぬ時計で走り抜いたのだ。距離が2600メートルと長くなる次走、7月22日のサンセットハンデキャップでは距離適性が生かされ、もっと差を詰められるかもしれない。トップハンデのギャラントマンが59・9キロだったの対し、ハクチカラは10キロも軽い49・9キロだったことも好材料だった。

保田は、馬主の西博とともにコースを歩き、内埒から馬4頭ぶんほど外のあたりが馬場整備の車両のタイヤの踏み跡が重なり、硬くなっていることに気がついた。速い流れを追いかけずにそこを通り、末脚勝負にかける——尾形流の追い込みで、勝負に出ることにしたのだ。

総賞金10万ドル、6頭立てのサンセットハンデキャップのゲートが開いた。保田はプランどおり、序盤は脚を溜め、4番手で直線に向いた。外から猛然と脚を伸ばし、3番手のセイントヴィンセントに迫った。ハクチカラが3着になると高額な払戻しとなることも手伝って、スタンドが沸き、観客は総立ちになった。馬体を併せた激しい叩き合いがつづき、写真判定の結果、ハクチカラは鼻差の4着だった。

ハクチカラは、日本馬として初めてアメリカで賞金を獲得した。4着でも1万ドル、当時のレートで360万円。日本ダービーの1着賞金200万円を上回る額だった。西は現地の関係者から握手攻めにあった。困難に立ち向かったスポーツマンシップを讃えられたのだ。

ハリウッドパーク競馬場で3戦した保田隆芳とハクチカラのコンビは、デルマー競馬場で8月23日と9月1日のレースに出走したが、どちらも6着に敗れた。

「3カ月あれば、ハクチカラをアメリカ流に仕上げ、アメリカ向きの馬にできる」

馬房を提供してくれた調教師のボブ・ウィラーはそう言った。しかし、保田は、日本やヨーロッパの馬がアメリカ競馬に順応するには、少なくとも半年は必要だと感じていた。アメリカ国内でも、東海岸の厩舎に所属するギャラントマンなどは、水や飼料を持参してレース5日前に入厩し、コンディションを保持するようにしていた。

滞在するなら半年や1年といった長期にするか、逆に、ある程度仕上げてから現地入りし、滞在を短くすべきではないか――どちらがいいのかは60年以上経った今も答えは出ていないが、初めての海外遠征で、保田はそう考えていたのだ。

通訳の石田はすでに帰国し、保田は単身、デルマー競馬場内の厩舎の部屋で寝起きしていた。「こっちに残って、おれと組まないか」と誘ってきた現地のジョッキーエージェントの言葉には心が揺らいだ。

しかし、師匠の尾形藤吉から、早く帰国するようにと何度も電報が届いていた。

4カ月ほど西海岸に滞在した保田は10月1日に帰国。10月4日の中山開催から復帰し、翌5日、「和製モンキー乗り」による初勝利を挙げた。背中を水平にし、馬の首に張りつくような姿勢で追う保田の乗り方を、特に若手はこぞってまねた。

こうして、日本のターフに、モンキー乗りは一気にひろまった。

「日本の騎乗技術は10年進歩した」

のちにシンザンを管理する武田文吾は保田の功績をそう讃えた。

トッド・スローンが世界で初めてモンキー乗りを披露したのが1890年代と言われているので、日本の騎手たちは、60年以上の遅れを取り戻したとも言える。

翌1959年2月23日、アメリカに残っていたハクチカラが、レイモンド・ヨークの手綱でワシントンバースデーハンデキャップを勝ち、日本馬による海外重賞初制覇を果たした。その報せを、保田は複雑な思いで聞いた。やはり、自分の手で勝たせてやりたかったからだ。

その年、保田は89勝を挙げ、初めてリーディングジョッキーのタイトルを獲得した。翌1960年は88勝、61年は68勝をマークし、3年連続でリーディングジョッキーの座についた。アメリカに比べ、日本の騎手の地位が低いと感じていた彼は、騎手が心身を休める場をつくるよう主催者に進言し、調整ルームが設けられた。

保田は、さまざまな点で時代を先取りしていた。彼が素晴らしいと感じたバレットは、日本でも約40年後の1997年から導入された。また、これは先取りというわけではないのだが、何度も保田と同じレースに出たジョージ・タニグチが、1989年に初めてアメリカに遠征した武豊の通訳をつとめたこともあった。

1963（昭和38）年、史上初の通算1000勝を達成。

1966年秋にはコレヒデで天皇賞通算10勝目を挙げた。2008年秋に武豊がウオッカで天皇賞通算11勝目をマークするまで最多勝記録であった。一度天皇賞を勝った馬は出られない「勝抜制度」の時代だった（1980年まで）だけに驚愕に値する。さらに、1968年にはマーチスで皐月賞を勝ち、史上初の八大競走完全制覇をなし遂げた。騎手として八大競走すべてを勝ったのは、保田と、30年後の1998年にスペシャルウィークで日本ダービーを制して達成した武豊、さらに約20年後の2019年に天皇賞・春を勝って達成したクリストフ・ルメールの3人だけだ（2019年終了時）。

キャリアの晩年も、保田は徹底的にストイックだった。毎日の汗取りはいつも午後3時から始めた。1時間ぴったりで1・5キロほど落とし、4時からテレビで「水戸黄門」を見る。5時からまたサウナに入り、1時間で1~2キロ落とす。それから飲むコップ一杯のビールの量も、ずっと同じだったという。

そんな保田隆芳は、50歳の誕生日を翌月に控えた1970年2月2日、ミノルで京王杯スプリングハンデキャップを勝ったのを最後に鞭を置いた。通算6143戦1295勝。勝率は2割1分1厘という驚異的な数字だった。

同年3月1日、東京競馬場で保田の騎手引退式が行われた。ミノルの勝負服を着てファンの前に立ち、「ときには大統領と言われ、また、ときにはバカヤローと言われて……」と語った挨拶は、名演説として知られている。

競馬界とは無縁の、東京・神田の青果問屋に生まれた。近くのやっちゃば（青果市場）にはたくさんの馬がいた。小学生のとき軽井沢で馬に乗る外国人を見て乗馬を始め、中学校を中退して尾形藤吉に弟子入りした。戦地の中国でも競馬に参加し、賞金代わりにもらった軍票で酒を買った——。

好きなことを追いつづけるうちに、日本の競馬史を書き換えていた、名騎手・保田隆芳。彼がなし遂げたいくつもの史上初の偉業は、ときを経るごとに輝きを増しているかのようだ。

# 日本競馬にいくつもの「初」の記録を刻む

# 野平祐二

［のひら・ゆうじ］

「ミスター競馬」のダンディズム

Nohira Yuji

| | |
|---|---|
| 生年～没年 | 1928～2001 |
| 出身地 | 千葉県 |
| デビュー年～引退年 | 1944～1975 |
| 現役年数 | 32年 |
| 所属 | 東京➡中山 |
| 所属厩舎 | 尾形藤吉➡野平省三➡野平富久 |
| JRA通算勝利数（重賞勝利数） | JRA1339勝（重賞71勝） |
| 地方・海外通算勝利数 | 2勝 |
| 特記事項 | リーディングジョッキー2回 |

1970年、有馬記念を制覇したスピードシンボリと野平祐二（JRA）

スピードシンボリが日本馬として初めて凱旋門賞に参戦したのは１９６９（昭和44）年。ほぼ半世紀前のことだ。そのとき、同馬の鞍上にいたのが「ミスター競馬」野平祐二（１９２８～２００１）であった。１９５７（昭和32）年、中央・地方を通じて騎手として初めて年間１００勝をマークしたのも、１９５９年、日本人騎手による海外初勝利を挙げたのも野平だった。「ミスター競馬」は、いくつもの大きな「最初の一歩」を日本の競馬界に残してきた。

野平祐二は１９２８（昭和３）年３月20日、千葉県船橋市古作で生まれた。

父・野平省三は、下総御料牧場で働いたのち、20代後半に騎手になった。長男は騎手、調教師となった野平富久、祐二は次男だった。子供のころから馬は身近な存在で、父独自の「競馬芸術論」を聞きながら日々を過ごした。

「コースは五線譜、サラブレッドは楽器、騎手は弾き手」「風に稲穂の揺れるごとく」といった言葉が自然と刷り込まれ、将来、「ミスター競馬」と呼ばれる素地が出来上がったのだろう。

その一方で、少年時代の野平はガキ大将だった。５歳下で、子供のころよく外で一緒に遊んだ元騎手・調教師の田村駿仁《しゅんじ》によると、焚き火のなかで真っ赤に熱した針金をほかの子供に握らせたりと、とんでもない悪戯もしていたという。

野平は、騎手になるため、太平洋戦争が開戦した１９４１（昭和16）年、中学に進むも２年で中退。１９４２年の暮れ、府中の尾形藤吉厩舎に弟子入りする。兄弟子の保田隆芳（１９２

0〜2009)は前年の12月に出征していたため厩舎にいなかったが、野平より5歳上の最年少ダービージョッキー・前田長吉(1923〜1946)は、そこにいた。

前田は野平が入門した1942年にデビューし、翌年、女傑クリフジでダービー、オークス、菊花賞の変則三冠を制覇する。クリフジが馬房にいるとき、野平が下唇に指を差し入れてやると、気持ちよさそうに目を細めたという。そのエピソードは雑誌「競馬塾」1999年2月号の「日本の名馬厳選お好み100頭」という座談会に掲載されている。野平は、別格の1位にクリフジを挙げ、「クリフジとの比較だと、ナリタブライアンもただの馬です」と述べている。自身が調教師として管理した「皇帝」シンボリルドルフより上と評価していたのだ。

野平はまた、武豊がシャダイカグラで1989(平成元)年の桜花賞を「意図的な出遅れ」によって制した騎乗を「サンケイスポーツ」で絶賛し、こう記している。

デビューして3年目でこれだけ見事な騎乗を見せたのは、私の知るかぎり前田長吉さんしかいません。

下乗りだった野平にとって、前田は特別な存在だったのだろう。

野平が16歳になった1944年、前の章でも述べたように戦況悪化のため競馬は中止となり、レースは、馬券を売らず、観客を入れない能力検定競走として行われた。春の能力検定競走に参戦した兄弟子の前田が、同年秋、臨時召集され旧満州に出征した。そんななか、野平は、同年12月3日、東京修練場（現在の馬事公苑）で行われた能力検定競走で騎手としてデビューする。同月5日に初勝利を挙げたが、翌１９４５年、宇都宮に疎開した。

終戦の翌年、１９４６年の秋に競馬は再開された。

しかし、当時の競馬は「競馬賭博」と呼ばれ、レース結果に怒り狂った観客が暴動を起こすなど騒擾事件が相次いだ。マスコミは競馬廃止キャンペーンを展開し、国会でもそれが論じられた。野平は危機感を抱いた。競馬のギャンブル以外の魅力を伝えなくてはいけない、と。

自意識過剰と言われるかもしれませんが、（中略）スポーツとしての競馬を愛するファンを、私の騎乗を通じて、一人でも二人でも増やしたいと念じたのです（『騎手伝』野平祐二・著）。

彼は、「魅せる騎乗」に徹底して取り組んだ。そのひとつが、ニュース映画で見た「モンキー乗り」の実践だった。兄弟子の保田隆芳がアメリカから「輸入」する前から鐙を短くして乗り、一部の若手騎手が調教中に「『祐ちゃんモンキー』だ！」とマネをしていたという。

野平祐二はデビュー当初から華々しい成績を残したわけではなかった。デビューした1944年は14戦3勝。翌1945年は東京と京都で能力検定競走が行われず0戦0勝。競馬が再開された1946（昭和21）年は19戦2勝。

勝ち鞍がふた桁になるのは、19歳になった1947年からだ。その年、戦後初めての日本ダービーが行われ、野平は所属する尾形藤吉厩舎のブランドパプースで参戦した。同馬は、野平の手綱で新馬戦とチャンピオン戦を勝ち、ダービーの切符を手にした馬だ。が、ある程度人気になる馬（最終的には5番人気）に見習い騎手が乗ることへの風当たりは強く、面と向かって野平に出場を辞退するよう勧告した尾形一門の調教師もいた。野平は尾形に騎乗辞退を申し入れたが、「お前が乗れ」と一喝された。結果は24頭中17着という惨敗だった。

その年から1954年までの野平の成績は、95戦16勝、115戦24勝、114戦16勝、162戦17勝、139戦15勝、164戦24勝、127戦17勝、204戦36勝。19歳から26歳までの数字ということになる。勝率は悪くないが、いかんせん騎乗数が少なかった。20代半ばまでは、目立った成績を残すことができずにいたのだ。

そんな状況を大きく変えるきっかけとなったのは、1頭の牝馬、稗田敏男厩舎のフクリユウ（父クモハタ、母十九照、母の父セフト）との出会いだった。非常に気難しい馬で、感受性が強すぎた。鞍上の指示を聞き入れず、気に障ることがあると大暴れする。スタートに問題があって出走取消処分を食らい、それが解除されたとき、野平に騎乗依頼が来た。

調教で跨った彼は、自身のデビュー当初からしていたように口笛を吹いて馬をリラックスさせ、優しく首筋を撫で、「おれは怖くないんだよ」と語りかけた。そうして信頼関係をつくり上げたフクリユウとのコンビで5連勝し、保田隆芳に乗り替わった1戦を挟み、再度の5連勝を果たした。そのなかには重賞の日本経済賞が含まれている。

以降、野平の成績は飛躍的に伸びていく。フクリユウに初めて乗った1955年は364戦72勝、翌1956年は392戦68勝。そして、1957年は465戦103勝と、日本の騎手として初めて年間100勝を突破し、初めてリーディングジョッキーの座についた。翌1958年は468戦121勝とさらに勝ち鞍を伸ばし、2年連続リーディングジョッキーのタイトルを獲得。

このタイトルが、彼を「世界」へといざなうことになる。1959年12月、オーストラリアで年に一度行われる国際騎手招待レース「インターナショナルステークス」への招待状が日本中央競馬会に届き、前年リーディングジョッキーとなった野平が派遣騎手に選ばれたのである。

野平はこのとき31歳。充実期に入っていた。また、前年、保田隆芳がモンキー乗りをひろめるなど、日本の騎手界全体も変革期を迎えていた。先輩後輩の関係は逆だが、私はしばしば野平祐二を長嶋茂雄、保田隆芳を王貞治に相当する存在として記している。野平と長嶋は「ミスター」として華麗なプレーを見せ、保田と王はストイックに大記録を打ち立てた。

さて、オーストラリアのインターナショナルステークスに招待された外国人騎手は、イギリスのG・ルイス、フランスのF・パルメール、ベルギーのJ・フーガート、マラヤ（マレーシアの前身）のM・リー、そして野平の5名であった。

騎乗馬は抽選で決められた。メルボルンで行われた第1戦で、野平が騎乗したチョクトーは7着。それでも招待騎手では最先着だった。

第2戦は12月12日、場所をシドニーのカンタベリー競馬場に移して行われた。芝1900メートルのハンデ戦で、野平の騎乗馬は6歳せん馬のアカタラワ。大外枠から出た野平のアカタラワはスムーズなスタートから2番手につけ、向正面で先頭に立った。そのままノーステッキで後続を振り切って優勝。日本人騎手による、戦後初めての海外勝利をやってのけた。

地元紙「サンデー・テレグラフ・スポーツ」などで、野平の騎乗は絶賛された。野平は、ブリスベンで行われた第3戦で人気薄のトークワで3着となる好成績をおさめ、帰国した。

その後も毎年リーディング上位に名をつらねていた野平祐二は、ともに世界に羽ばたく駿馬と出会う。

スピードシンボリである。旧3歳だった1965（昭和40）年から、この馬の背で、野平は

6年間で36戦し、15勝を挙げる。春のクラシックまでは津田昭もたびたび騎乗していたが、旧4歳だった1966年秋からは完全に野平のお手馬となった。なお、野平が保田に次ぐ史上2人目の通算1000勝を達成したのもこの年のことだった。

翌1967年、天皇賞・春を勝ったスピードシンボリは、11月11日、アメリカの国際招待競走、ワシントンDCインターナショナルに出走。早朝には薄氷の張る寒さのせいで感冒気味になるなどけっして順調ではなかったが、9頭中5着と歴代の日本馬最高の成績をおさめた。

2年後、旧7歳になった1969年、スピードシンボリはヨーロッパ遠征を敢行する。目標としたのは、キングジョージⅥ世&クイーンエリザベスステークスと凱旋門賞。しかし、輸送で馬体が大きく減ったうえに流感にかかり、キングジョージの前に1戦する予定がぶっつけ本番になった。何とか走れる状態で7月26日のキングジョージに臨み、9頭中5着。

万全ではないまま臨んだフランスのドーヴィル大賞典ではブービーの10着。つづく凱旋門賞では後方待機策を取り、直線で10頭ほどをごぼう抜きにしたが、勝ち馬レヴモスから大きく離された着外（11着以下）に終わった。

今も日本のホースマンの悲願となっている世界最高峰の舞台に参戦した日本の人馬は、この野平祐二・スピードシンボリが初めてであった。3カ月の遠征から帰国したスピードシンボリは、その年と翌1970年の有馬記念を史上初めて連覇する。

野平は、1972年の春、フランスのシャンティイに一軒家を購入し、騎乗ベースを移した。数カ月ヨーロッパで騎乗し、ときおり日本に戻ってまた旅立つ、という形である。有志の馬主と設立した「日本ホースメンクラブ」の所有馬に乗る形を取り、同年8月には日本人騎手によるヨーロッパ初勝利をマークした。このとき44歳。年齢的には遅かったが、後世にとっては意義深い試みとなった。同クラブが購入したフィディオンは、のちに日本で種牡馬となり、有馬記念を勝ったメジロデュレンなどを出している。

スピードシンボリがデビューしたころから、週末になると、中山競馬場に近い野平の自宅に各界の著名人が集まって競馬談義に花を咲かせるようになっていた。この会合は、いつしか「野平サロン」と呼ばれるようになった。野平サロンに集ったメンバーは、作家の石川喬司、佐野洋、三好徹、詩人・劇作家の寺山修司、スポーツライターの虫明亜呂無、慶応大教授の西野広祥、タレントの大橋巨泉、プロ野球選手の広岡達朗といった、錚々たる顔ぶれである。それに関して、野平は著書『騎手伝』にこう書いている。

さすがに、文章のプロである作家のみなさんです。競馬の魅力を流麗な文章で書かれ、私が野平サロンでお話ししたことなども上手に使われていいます。こうした先生方の筆が、競馬が社会的に受け入れられることにどれほど役に立ったかは計り知れません。

野平サロンで話したことが、広く発信されることを計算していたのだ。野平はいつも競馬界全体のことを考えていた。「ミスター競馬」と呼ばれる所以である。

野平の騎手時代の晩年、野平省三厩舎に入った、弟弟子の田中清隆はこう話す。

「服装がだらしなかったり、靴が汚れていたりするとよく怒られました。歩き方もずいぶん注意されましたね」

ミスターは「気取り」を大切にした。調教助手時代、野平祐二厩舎に所属していた藤沢和雄によると、地面にタバコが捨てられていたら、黙って拾って灰皿に入れるといったことをごく自然にやってのけるような、カッコいい人だったという。

1975（昭和50）年2月16日の第80回目黒記念が引退レースとなった。騎乗馬カーネルシンボリは、前年8月に他界した父・省三が手がけた馬だ。野平はこの年、ほかのレースでの騎乗をすべて取りやめ、ラストランの目黒記念一戦だけに集中し、そして勝った。最後まで徹底的にスマートだった騎手・野平祐二は、国内で史上最多（当時）の1339勝（ほかに海外で2勝）、うち八大競走を7勝という輝かしい戦績をおさめて鞭を置いた。

調教師として最強馬シンボリルドルフなどを管理した「ミスター競馬」は、2001（平成13）年8月6日に世を去った。73歳だった。

リーディングジョッキー7回獲得し頂点に君臨

# 加賀武見

［かが・たけみ］

## 人気馬に競馬の厳しさを教えた孤独な闘将

Kaga Takemi

| | |
|---|---|
| 生年～没年 | 1937～ |
| 出身地 | 青森県 |
| デビュー年～引退年 | 1960～1988 |
| 現役年数 | 29年 |
| 所属 | 関東 |
| 所属厩舎 | 阿部正太郎➡野平好男➡阿部正太郎➡阿部新生 |
| JRA通算勝利数（重賞勝利数） | JRA1352勝（重賞80勝） |
| 地方・海外通算勝利数 | — |
| 特記事項 | リーディングジョッキー7回 |

1976年、日本ダービーで、断然の１番人気馬トウショウボーイをかわしたクライムカイザーと加賀武見（Keiba Book）

競馬に対する厳しい姿勢、勝負への執念、そして、ときに激しすぎるように見えた手綱さばきから「闘将」と呼ばれた。

加賀武見。1937（昭和12）年9月8日、青森県上北郡天間林村（現七戸町）の農家に、7人きょうだいの四男として生まれた。郷里はいわゆる「南部地方」だ。最年少ダービージョッキーの前田長吉、地方競馬最多勝記録を保持していた佐々木竹見、勝負師・柴田政人、その甥の柴田善臣など、多くの名騎手がこの地方から輩出している。

東北の寒村での生活は苦しかった。加賀は14歳になると、港湾労働者として和歌山に出稼ぎに行く。そのとき、近くの紀三井寺競馬場で競馬に魅せられ、騎手を目指すようになる。そうして18歳になる1955（昭和30）年に京都の新堂捨蔵厩舎に入門する。しかし翌年、修業を断念。帰郷して横浜町の青森牧場に勤務する。その後、1957年、調教師の阿部正太郎に牧場で見出され、再度騎手を目指す。

そして、1960（昭和35）年、ついに騎手免許を取得し、デビューを果たす。23歳になった年のことだった。デビューは遅れたが、そのかわり、いきなり頭角を現す。同年、58勝を挙げ、88勝の保田隆芳、61勝の野平祐二に次ぐ全国リーディング3位という好成績をおさめる。関西リーディングの浅見国一でさえ40勝だった。このとき加賀が樹立した新人騎手最多勝利記録は不滅になると言われ、27年後、武豊に破られるまで記録でありつづけた。

2年目の1961年にはタカマガハラで天皇賞・秋を制し、八大競走初制覇。年間63勝でリーディング2位。うち障害は24勝で、中山大障害も勝っている。平地での騎乗に専念した3年目の1962年は80勝を挙げ、初めてリーディングジョッキーのタイトルを獲得。その年から1966年まで5年連続リーディングジョッキーとなる。1963年には101勝を挙げ、野平に次ぐ史上2人目の100勝騎手となった。30歳になる1967年は、6月に新潟で落馬し戦列を離れたためその座を失うが、翌1968年と1969年、またもリーディングジョッキーに。

こうして見ていくとわかるように、加賀は、騎手になってからほとんど頂点に君臨しつづけていた。頂点以外をほとんど知らぬまま20代後半から30代前半の絶頂期を過ごしたのだ。その根底に、強いハングリー精神があったことは疑いようがない。

加賀がリーディングジョッキーになる前、1957年と58年は野平祐二、1959年から1961年までは保田隆芳がリーディングジョッキーになっていた。そして、加賀のあと、1970年にリーディングジョッキーとなったのは福永洋一で、その座を1978年まで守りつづけた。

そんな加賀に関して、広く知られているエピソードを時系列に沿って見ていくと——。

1965年の有馬記念で、加賀はミハルカスに乗り大逃げを打った。そして、最終コーナーで外を回り、大本命のシンザンを雨で馬場が悪化した内に押し込めようとした。ところが、シンザンはミハルカスよりさらに外を通って追い込んだ。そのため、シンザンがテレビ画面から消えたように見えた。あのアクシデントを演出したのは加賀だったのだ。

次に紹介する話は、加賀よりも、柴田政人にまつわるエピソードとして知られている。そう、アローエクスプレスの乗り替わりである。アローエクスプレスは、1969年、旧3歳の9月に柴田の手綱でデビューし、芝1000メートル58秒9という日本レコードタイのタイムで勝利をおさめた。旧4歳初戦の京成杯で、21歳だった柴田は重賞初制覇を果たす。つづくスプリングステークスで2着となったあと、皐月賞に臨むにあたり、オーナーの要望で、加賀に乗り替わった。結局、その皐月賞も2着に終わる。皮肉にも、加賀が八大競走で唯一勝てなかったのは皐月賞だった。

もっとも知られているのは、1976年の日本ダービーでの騎乗か。加賀のクライムカイザーは、直線で最大のライバル、トウショウボーイの鼻先をかすめるようにして内に切れ込み、勝利をもぎ取った。斜行で失格になるギリギリの騎乗で、強敵の力を封じたのだ。加賀の勝負師としての厳しさと激しさがクローズアップされた。のちに加賀は、トウショウボーイに乗せてほしいと、管理調教師の保田隆芳に申し出たという。乗り替わりは実現しなかったが、その貪欲さもまた加賀らしさなのか。

そして、1982年の皐月賞。加賀はゲイルスポートに騎乗した。このレースには、当時の史上最高価格の1億8500万円で落札されたハギノカムイオーが出走していた。「華麗なる一族」出身のお坊っちゃまだ。そうした高額取引馬や良血馬に闘志を抱いた加賀は、「あいつに競馬の厳しさを心底から教え込んでやる」と話していたという。そして、ゲートが開くと、逃げて3連勝していたハギノカムイオーに激しく競りかけた。その結果、自身は19着、ハギノカムイオーは16着と共倒れになった。つづくNHK杯でもハギノカムイオーに逃げさせず、惨敗させた。

加賀は八大競走を10勝している。すべて異なる馬による勝利だ。

年代順に見ていくと——。

■タカマガハラ（1961年天皇賞・秋）

■ハツユキ（1965年桜花賞）

■アサホコ（1965年天皇賞・春）

■ベロナ（1965年オークス）

■アサカオー（1968年菊花賞）

□ベルワイド（1972年天皇賞・春）

■カミノテシオ（1974年天皇賞・秋）
□イシノアラシ（1975年有馬記念）
□クライムカイザー（1976年日本ダービー）
□カネミノブ（1978年有馬記念）

□が自身でデビュー戦から騎乗していた馬、■がほかの騎手からの乗り替わりで勝った馬、である。ベルワイド、カネミノブは自厩舎（阿部厩舎）の馬だ。デビュー戦から騎乗していたのは半分以下の4頭。騎手と馬との結びつきが強かった時代に、乗り替わった馬で大レースを制することが多かったのだから、よくも悪くも目立ったはずだ。

そんな加賀は、デビューしたばかりのころ、保田隆芳を手本とするため、調教のときなど、黙って保田の近くで乗り、技術を見て、盗んだ。17歳上の先輩に対する遠慮も当然あったはずだ。言葉にして教えを請うたことはなかったという。

どん底の苦しさを知っていたからこそ頂点の座にこだわりつづけた。

「闘将」は、ずっと孤独だったのではないか。

調教師を引退してから10年以上経つ今も、加賀はいつもひとりで競馬場に来ている。そして、レース後、検量室前で静かに人馬を見つめている。

競馬界に連綿と輝き続ける

「武」家の系譜

# 武邦彦

［たけ・くにひこ］

**「名人」「ターフの魔術師」と讃えられたテクニシャン**

Take Kunihiko

| | |
|---|---|
| 生年～没年 | 1938～2016 |
| 出身地 | 京都府 |
| デビュー年～引退年 | 1957～1985 |
| 現役年数 | 29年 |
| 所属 | 関西 |
| 所属厩舎 | 武平三➡戸山為夫➡武田作十郎➡フリー |
| JRA通算勝利数（重賞勝利数） | JRA1163勝（重賞80勝） |
| 地方・海外通算勝利数 | — |
| 特記事項 | 関西所属騎手として初の通算1000勝 |

1972年、日本ダービーを制覇したロングエースと武邦彦（Keiba Book）

初代ダービージョッキー・函館孫作の章で述べたように、養子縁組で孫作の祖父となった函館大経は、「日本馬術界の英雄」と呼ばれたと同時に、競馬界にも多くの弟子を送り出し、大きな人脈を築き上げていた。

その函館大経の弟子のひとりに武彦七（１８６０～１９２８）がいた。武邦彦の祖父であり、武豊の曾祖父にあたる人物である。

武彦七の弟子のひとりに谷栄次郎（善晴とも名乗った）がいた。谷も多くの弟子を育て、そのなかに、先に紹介した、日本初の女性騎手、斉藤すみがいる。悲運の女性騎手と、武邦彦、豊父子との間には、こうしたつながりがあったのだ。

武彦七の兄に、園田実徳（１８４９～１９１７）という、薩摩藩士として、実業家として、そして政治家としても活躍した人物がいる。兄弟で名字が異なるのは、彼らの父である園田彦右衛門がもともと武家の出身で、彦七が養子に入る形で武家に戻ったからだ。

園田実徳は、藩主の島津忠義に従って京都に上り、１９６８（慶応４）年、黒田清隆の部下として鳥羽・伏見の戦いに参戦。１８７２（明治５）年、北海道開拓使に出仕し、２年後に起きた佐賀の乱で大久保利通の密使として活躍、西南戦争でも功を上げた。

その後、北海道運輸会社の函館支店長として海運界でも力を発揮。北海道炭鉱鉄道会社の経営にも参画し、函館―小樽間の鉄道開発に力を注いだ。大正初期には、東川町―湯川町間に道内初の路面電車を開通させるなど、函館の発展に大きく貢献した。つまり、武家と西郷家は姻戚関係にあるのだ。園田の長女は西郷隆盛の息子、西郷寅太郎の妻となった。

園田はまた、函館大経らとともに北海道競馬会社の発起人のひとりとなり、さらに目黒競馬場の建設にも携わるなど、近代競馬の黎明期の有力者であった。

1899（明治32）年にオーストラリアから輸入され、近代競馬における初めての名牝と言えるミラは、種牡馬第二スプーネーとの間に、牡1頭、牝2頭の代表産駒を産んだ。牡のシノリは1910（明治43）年、目黒の東京競馬場で行われた帝室御賞典（のちの天皇賞）を優勝。その馬主が、園田だった。のちに「平成の盾男」と呼ばれる天才騎手・武豊の曾祖父の兄の所有馬が、明治時代に天皇賞の前身を勝っていたのだから、面白い。

園田は、明治中期、北海道庁から函館市桔梗町の牧場を借り受け、「園田牧場」をひらく。そして、その管理・経営を弟の武彦七に任せた。

園田牧場は、ハンガリー産のアラブやイギリス産のサラブレッドのほか、オーストラリア産の種牡馬や繁殖牝馬など数十頭の輸入馬を供用し、馬産界をリードした。

1917（大正6）年の時点で飼育していた家畜は、馬75、牛107、羊60、豚38、その他238という、道内有数の規模を誇った。

武彦七の後継者として園田牧場を経営したのは、長男の芳彦だった。園田牧場は小学生の遠足や市民の散策のために開放され、近隣の人々に親しまれた。1938(昭和13)年10月20日、ここで芳彦の三男・邦彦が生まれた。台地にあった園田牧場からは、函館の街が一望できた。海岸から7、8キロ離れていたが、馬に乗ると、遠く沖のほうまで見渡すことができた。ここは昔日、野生の桔梗が多く「桔梗野」と呼ばれていた。邦彦少年が馬に乗りはじめたころも、薄紫の桔梗の花が、海からの風に揺れていたのだろうか。

広大な園田牧場の放牧地と厩舎、そしてそこから見はるかす函館の街と青い海。その美しい眺めが、武邦彦・豊父子に流れるホースマンの血脈の「原風景」と言えるのではないか。

邦彦が初めて馬に乗ったのはいつだったのか、その記憶は定かではないとのことだが、園田牧場で乗用馬に乗っていたことは確からしい。

園田牧場はしかし、終戦後、農地解放のため取り壊されてしまう。

「大きな牧場で育ち、毎日、馬とあそんでいた。ある日、馬がみんなどこかへ連れて行かれて、友だちを失ってしまった。トラクターがやってきて、厩舎をバリバリとこわしはじめ、牧場は農地になってしまった」というのが、武邦彦の記憶である(『競馬への望郷』寺山修司)。

前述したように、戦況の悪化によって中止された競馬が再開されたのは、終戦の翌年、1946(昭和21)年のことだった。10月17日、舞台となった東京競馬場と京都競馬場には、晴天のもと、大勢の観客が集まった。

それとは別に、邦彦が生まれ育った函館では、同年7月から11月まで、アメリカ軍の指示によって「進駐軍競馬」が開催された。

8歳になった邦彦が生まれて初めて見た競馬が、それであった。

しかし、だからといって騎手に憧れたわけではなかったという。そんな邦彦に、京都競馬場で調教師をしていた叔父の武平三が、「騎手にならないか」と声をかけてくれた。ほかに目指していたものもなかったし、何となくといった感じで騎手になることを決め、京都へと旅立った。1952(昭和27)年、14歳になる年のことだった。

1957(昭和32)年に騎手免許を取得し、初年度は8勝。1972(昭和47)年にアチーブスターで桜花賞を勝ちクラシック初制覇を遂げてから大舞台で力を発揮するようになる。その年の7月にはロングエースで日本ダービーを優勝。翌1973年には代打騎乗となったタケホープで菊花賞を制覇。そして、1976年の有馬記念から「天馬」トウショウボーイの主戦となり、ともに「TTG三強」を形成したテンポイント、グリーングラスとの名勝負を繰りひろげる。そのトウショウボーイの管理調教師は保田隆芳だった。

邦彦は、1980年に関西の騎手として初めて通算1000勝を達成。1985（昭和60）年に鞭を置くまで通算1163勝を挙げた。うち重賞は80勝。そのなかには八大競走8勝が含まれる。

外から鋭く追い込んだり、いつの間にか内から抜けてきたりと、変幻自在な手綱さばきでファンを魅了し、「名人」「ターフの魔術師」の異名を取った。

三男の豊が生まれたのは、邦彦が騎手としてクラシック初勝利を挙げる3年前、1969（昭和44）年のことだった。そして、邦彦が、騎手引退に先立ち調教師免許を取得した1984（昭和59）年、豊が競馬学校騎手課程に入学した。

バトンタッチの意味をこめてその時期に引退したのか訊ねると、「いや、たまたまです」と答えたが、それは照れ隠しだったように思われた。

豊の騎手デビューと同じ1987年、滋賀県の栗東トレーニングセンターに厩舎を開業。定年を迎えた2009（平成21）年まで通算375勝を挙げた。重賞18勝、うちGI3勝と、調教師としても活躍した。

## 地味な地方回りから
## 時代の寵児に

# 増沢末夫
［ますざわ・すえお］

## アイドル馬ハイセイコーと
## 共に羽ばたいた「鉄人」

Masuzawa Sueo

| | |
|---|---|
| 生年～没年 | 1937～ |
| 出身地 | 北海道 |
| デビュー年～引退年 | 1957～1992 |
| 現役年数 | 36年 |
| 所属 | 関東 |
| 所属厩舎 | 鈴木勝太郎➡鈴木康弘 |
| JRA通算勝利数（重賞勝利数） | JRA2016勝（重賞84勝） |
| 地方・海外通算勝利数 | — |
| 特記事項 | リーディングジョッキー2回 |

1973年、皐月賞を制覇したハイセイコーと増沢末夫（Keiba Book）

初夏の福島競馬が開幕すると、「鉄人」と呼ばれた名騎手・増沢末夫を思い出す人は多いのではないか。

ＪＲＡ史上初の２０００勝ジョッキーとなった増沢は、通算２０１６勝のうち、実に６７１勝を福島でマークしている。

小回りコースで特に生きた抜群のスタート技術で「逃げの名手」と言われ、44歳で初めてリーディングジョッキーに。54歳まで現役をつづけた彼は、40歳になった１９７７年以降に半数以上の１２５９勝を挙げている。

数多く勝ったばかりでなく、大舞台での活躍も目立った。「競馬の祭典」日本ダービーを２勝。そして、１９７０年代に日本中を「第一競馬ブーム」に巻き込んだアイドルホース、ハイセイコーの主戦騎手でもあった。

増沢は１９３７（昭和12）年10月20日、北海道大野村（現北斗市）で生まれた。騎手としてデビューしたのは１９５７（昭和32）年３月。ライバル視していた「闘将」加賀武見と同い年で、デビューは１歳下の「ターフの魔術師」武邦彦と同年だった。

増沢は、デビューから10年で２８４勝を挙げた。今よりレースが少なかったのに騎手が多く、しかも、所属厩舎に縛られる時代だった。そう考えると悪くない数字だが、そこに重賞はひとつも含まれていなかった。

ところが、デビュー11年目の1967（昭和42）年、アサデンコウに騎乗して日本ダービーを優勝。重賞初勝利をクラシック制覇、それも「競馬の祭典」で飾ったのだ。馬の場合、重賞初勝利がGIという例は散見されるが、騎手では珍しい。

直前に雨が降り出し、雷鳴が轟くなか、そのダービーは行われた。稲光の「電光」を味方につけたと言われたアサデンコウはレース中に左前脚を骨折しており、「3本脚のダービー馬」と喝采を博した。

ダービージョッキーとなった増沢は、その後、イシノヒカルとのコンビで、一流騎手としての評価を確たるものにする。

イシノヒカルは旧4歳時の1972年、加賀武見の手綱で皐月賞2着、ダービー6着と、クラシックを賑わせていた。主戦の加賀が南アフリカに遠征していたため、菊花賞での鞍上に、3月のヴァイオレットステークス（1着）でも騎乗した増沢が指名された。

返し馬で暴れたり、落鉄してスタートを4分ほど遅らせたりと冷や冷やさせたが、後方から鮮やかに差し切り勝ちを決めた。次走の有馬記念でも2着のメジロアサマを1馬身半切って捨てて優勝。同年の年度代表馬に選出された。

公営・大井で6戦全勝の戦績を引っ提げ、1973年に中央入りした「怪物」ハイセイコーの主戦騎手となったのも、イシノヒカルとの活躍があったからこそだった。

ハイセイコーは増沢が所属していた府中の鈴木勝太郎厩舎の管理馬となった。

同馬が府中に入厩した日、増沢は馬運車から降りてくる姿を見ていた。

「やっぱり、すごい馬だな、と惚れ惚れしました。綺麗な顔をしているし、真っ黒な馬体もバランスが取れて見栄えがする。だから女性ファンが多かったのでしょうね」

中央初戦は弥生賞だった。噂のハイセイコー見たさに12万を超えるファンが中山競馬場に詰めかけた。あまりの混雑で、観客が外埒からコース内に転がり落ちるほどだった。

「当時の弥生賞は1800メートルで、スタンド前からのスタートでした。押されて溢れたお客さんが馬場に飛び込んでくるのを馬の上から見てびっくりしました。あれだけファンを沸かせた馬はいませんよね」

中央入り後、3連勝で皐月賞を勝ち、クラシック初制覇。つづくNHK杯も勝ち、圧倒的1番人気でダービーに臨むも、タケホープの3着に敗れた。

「今考えると、あの馬はダート向きだった。それでも中央に来て4連勝した。ダービーで負けたのはかわいそうでしたね。普通、皐月賞を勝ったらダービーまで使わないでしょう。追い切りも今みたいに5ハロンではなく1マイルなんですよ。相当負荷がかかっていたはずなのに、よくもったと思います。やっぱり怪物でしたね」

「東京都ハイセイコー様」という宛名で、鈴木厩舎に年賀状が届くほどの国民的アイドルとなった。増沢は、その背に跨りながら、ファンの熱気がどんどん高まるのを感じていた。

「当然プレッシャーはかかりましたが、乗るのは楽しかったですね。ああいう馬にはなかなか乗れませんから」

ハイセイコーとともにクラシックを戦った1973年、増沢は36歳になった。

「ぼく、40歳になってから、(関東)リーディングを7回(全国リーディングは2回)獲っているんです。ハイセイコーに乗ってから、自信を持つようになった。だから、48歳のとき、ダイナガリバーでダービーと有馬記念を勝つことができたんです。ハイセイコーが、ぼくにレースを教えてくれた。騎手人生をバラ色にしてくれたのは、やっぱりハイセイコーでしたね」

ハイセイコーは、引退後種牡馬となり、産駒のカツラノハイセイコがダービー制覇を果たした。新冠の明和牧場で余生を過ごしていたハイセイコーは、2000年5月4日に世を去った。

増沢末夫は、毎年5月4日、ハイセイコーの墓参りに行っているという。

若くして関東のトップジョッキーとして君臨

# 郷原洋行

［ごうはら・ひろゆき］

「豪腕」を謳われた馬上アクションのダイナミズム

Gohara Hiroyuki

| | |
|---|---|
| 生年～没年 | 1944～2020 |
| 出身地 | 鹿児島県 |
| デビュー年～引退年 | 1962～1993 |
| 現役年数 | 32年 |
| 所属 | 関東 |
| 所属厩舎 | 大久保房松➡佐々木猛➡大久保房松➡フリー |
| JRA通算勝利数（重賞勝利数） | JRA1515勝（重賞83勝） |
| 地方・海外通算勝利数 | — |
| 特記事項 | 1979年にリーディングジョッキー |

1987年、天皇賞・秋を制覇したニッポーテイオーと郷原洋行（TPC）

剛腕・郷原。そのニックネームが定着していた郷原洋行は、迫力満点の騎乗フォームで馬を動かし、数々のビッグタイトルを手中にした。２０１４年には、その功績が讃えられ、殿堂入りを果たしている。

郷原は、１９４４（昭和19）年1月21日、鹿児島の農家の次男として生まれた。中学卒業後、馬事公苑長期騎手課程に入り、１９６２（昭和37）年３月、騎手としてデビューした。学年で言うと、「鉄人」増沢末夫と「闘将」加賀武見より6期下で、「名手」岡部幸夫や「勝負師」柴田政人、「天才」福永洋一より5期上にあたる。同期には、史上初の騎手によるダービー父子制覇を果たした中島啓之、ブラジルに遠征したまま帰らなかった中神輝一郎といった個性派がいる。デビュー初年度は8勝、2年目は31勝、３年目は、重賞初制覇となった京王杯スプリングハンデキャップを含め38勝と、着実に勝ち鞍を伸ばした。６年目の１９６７年にはリュウズキで皐月賞を勝ってクラシック初制覇。年間79勝を挙げ、関東リーディングジョッキーとなった。23歳の若さで、高橋英夫、保田隆芳、野平祐二、増沢、加賀といった猛者を上回ったのだ。

１９７０年代初めに引退も考えるほど重度の痛風を患うも、克服。１９７４、75、78年も関東リーディングジョッキーとなる。ちなみに、この3年とも全国リーディングジョッキーは福永であった。

１９７９年、史上5人目の通算１０００勝を達成し、年間64勝をマーク。初めて全国リーディングジョッキーのタイトルを獲得した。そして翌1980年、オペックホースで日本ダービー初制覇を遂げる。

その1980年は、25歳だった河内洋が初めて全国リーディングジョッキーとなり、翌1981、82年は増沢、1983、84年は若き天才・田原成貴、1985、86年は河内、1987年は岡部、1988年は柴田……と群雄割拠の時代がつづく。

その間、郷原自身は30勝台から50勝台の勝ち鞍にとどまったが、大舞台ではさすがという存在感を見せつける。

1980年代の終わり、ともにターフで煌《きら》めいた相棒が、ニッポーテイオーであった。

ニッポーテイオーは1983（昭和58）年、静内の名門・千代田牧場で生まれた。父リイフォー、母チヨダマサコ（母の父ラバージョン）。管理調教師は、能力検定競走となった1944年のダービーを勝ったカイソウや、天皇賞馬ミハルオー、ダービー馬ダイゴホマレ、菊花賞馬キタノオーザなど、数々の名馬を育てた久保田金造。

郷原が初めて騎乗した実戦は、1986年のダービートライアル、NHK杯であった。勝ち鞍は新馬戦だけの1勝馬でありながら、京成杯2着、弥生賞3着の実力が評価され2番人気に支持されたが8着に敗退。次走のニュージーランドトロフィー4歳ステークス（旧馬齢表記）を3馬身半差で圧勝し、コンビ初勝利を挙げる。同レースは当時、東京芝1600メートルで行われており、その施行時期から「残念ダービー」とも呼ばれていた。

つづくラジオたんぱ賞では蛯名信広の手綱で皐月賞馬ダイナコスモスの2着に敗れるも、郷原の手に戻った次走の函館記念を2馬身差で完勝。難なく古馬を撃破した。

その後は菊花賞を目指すのではなく、距離適性の生きる中距離戦線で頭角を現していく。スワンステークスで重賞3勝目をマークし、マイルチャンピオンシップで圧倒的1番人気になるも鼻差の2着。古馬になった1987年、年明け初戦の京王杯スプリングカップを勝って臨んだ安田記念も2着、つづく宝塚記念も2着と、トップクラスの強さを見せながら、勝ち切れないレースがつづいた。

そんなニッポーテイオーの素質が、その1987年の秋、爆発的に開花する。毎日王冠で3着となった次走の天皇賞・秋。スタートから積極的に仕掛けてハナに立ち、直線でさらに加速。2着を5馬身突き放し、GI初制覇を遂げた。ラスト400メートルを切ってから、郷原は右鞭を数発入れたが、それは気を抜かないよう走らせるためで、最後は見せ鞭だけでゴールを駆け抜けた。個人的な話で恐縮だが、私が今のように競馬を見るようになったのは、このレースからだった。

次走のマイルチャンピオンシップでは抜群の手応えで先行し、直線入口、持ったままで先頭に並びかけた。郷原が剛腕を振るうまでもなく、またも5馬身差で圧勝。同年のJRA賞最優秀スプリンター、および最優秀5歳以上牡馬に選出された。

翌1988年も充実期はつづき、初戦の京王杯スプリングカップで2着となったあと、安田記念を完勝。馬名のとおり中距離界の帝王として君臨しつづけた。

つづく宝塚記念こそタマモクロスの2着に敗れたが、通算21戦8勝、2着8回、3着2回という素晴らしい戦績をおさめた。

ニッポーテイオーはその宝塚記念を最後に引退したが、郷原は、さらなるビッグタイトルをプレゼントしてくれる、新たな相棒に出会う。

ウィナーズサークルである。父は天皇賞馬モンテプリンス、モンテファストなどを送り出したシーホーク。管理するのは三冠馬ミスターシービーを育てた松山康久。

その背で、郷原は1989年の第56回日本ダービーを優勝。史上9人目のダービー2勝騎手となった。のちに武豊が5勝するが、当時は2勝が最多記録であった。なお、ウィナーズサークルは、茨城産としても、また芦毛馬としても、史上初のダービー馬となった。

郷原の剛腕の威力は、直線で馬を追うときばかりでなく、道中、行きたがる馬を抑えるときにも発揮された。もちろん、やわらかく当たって折り合いをつけることもでき、直線まで騎乗馬の余力を残す技術に長けていた。だからこそ直線で馬が動き、鞍上で操る郷原の動きのダイナミックさが強調され、「剛腕」と呼ばれるようになったのであろう。

# 個性派三冠馬を御して
# ファンを魅了
# 吉永正人
［よしなが・まさと］

## 寺山修司が惚れた「追い込み」

Yoshinaga Masato

| | |
|---|---|
| 生年〜没年 | 1941〜2006 |
| 出身地 | 鹿児島県 |
| デビュー年〜引退年 | 1961〜1986 |
| 現役年数 | 26年 |
| 所属 | 関東 |
| 所属厩舎 | 松山吉三郎 |
| JRA通算勝利数（重賞勝利数） | JRA461勝（重賞37勝） |
| 地方・海外通算勝利数 | — |
| 特記事項 | 1983年、ミスターシービーに騎乗し三冠制覇 |

1983年、菊花賞を制覇したミスターシービーと吉永正人(Keiba Book)

絶望的に見えた後方から一気に追い込みを決め、スタンドを沸かせた。リーディング争いをすることはなかったが、その大胆な騎乗に惹かれる「通」のファンは多かった――。

吉永正人は、1941（昭和16）年10月18日、鹿児島で馬の生産を営む牧場の次男として生まれた。馬事公苑の長期騎手課程に入ることができず、中学卒業後、東京競馬場の松山吉三郎厩舎に初めての弟子として入門した。

20歳になる1961（昭和36）年に騎手としてデビューし、1964年にフラミンゴできさらぎ賞を勝ち、重賞初制覇を果たす。

師匠の松山は「大尾形」と呼ばれた尾形藤吉の弟子だった。尾形門下には保田隆芳をはじめ、多くの一流騎手がおり、松山厩舎の馬にも乗ることが多かった。吉永にとってけっして恵まれた環境ではなかったのだが、1970年代に入ると、次第に頭角を現しはじめる。

1971年の金杯を勝ったコウジョウ、同年のダービーで5着になるなどクラシックを賑わせたゼンマツなどで極端な追い込みの戦法を取り、ターフを沸かせた。この年40勝を挙げ、リーディング8位（関東6位）となる。リーディングのトップ10に入ったのは、これが最初で最後だった。1970年代後半以降も、逃げて重賞を3勝した牝馬のシービークイン（ミスターシービーの母）、「白い稲妻」と呼ばれた追い込み馬シービークロス（タマモクロス、ホワイトストーンなどの父）などで、個性的な騎乗を見せつづけた。

吉永の乗る馬はいつもポツンと遅れて一頭だけで走っていた。出遅れたのでも、あおったのでもないのに、スタートするとすぐ、ズルズルと下がってゆき、他馬の群から十馬身以上はなれて、一頭だけで走ってゆくのである。

寺山修司は著書『競馬への望郷』にそう書いている。さらにこうも述べている。

私の考えだけを言えば、吉永正人は当代随一の名騎手である。そのレースぶりには必ずドラマがある。松山調教師の個性的な馬づくりとあわせて、このコンビは武田―福永、高松―柴田と並ぶ屈指のものであり、しかも他の二者にはない競馬の翳を負っている。連対率ではいつも一、二位の成績をあげながら、騎乗数の少ない吉永にもっと多く乗せたい気がする。（略）馬主各位、調教師各位。もっと吉永に乗るチャンスを与えてやってください。

なかなか八大競走を勝てずにいたのだが、１９８２年、モンテプリンスで天皇賞・春を勝ち、ついに八大競走初制覇を遂げた。このときデビュー22年目の40歳。

遅咲きの苦労人というイメージだった吉永は、そんな自身を輝かせる、一頭の名馬と出会う。ミスターシービーである。父は「天馬」トウショウボーイ。母は前述のシービークイン。均整の取れた黒鹿毛の馬体が目を惹く良血馬であった。父トウショウボーイが勝った1976年1月31日の旧4歳新馬戦には、のちにそのライバルとなるグリーングラス（4着）のほか、母シービークイン（5着）も出走していた。後年「伝説の新馬戦」として語り継がれていく。

ミスターシービーは、旧3歳だった1982年の秋に吉永の手綱でデビューする。旧4歳になった1983年、共同通信杯4歳ステークスで重賞初制覇を遂げ、つづく弥生賞も優勝。三冠競走第一弾の皐月賞に臨んだ。後方のインにつけたミスターシービーは、不良馬場をものともせず3コーナー手前から進出し、先行勢を射程にとらえた。最後の直線、馬場の真ん中から力強く伸び、先頭でゴールを駆け抜けた。吉永にとっても、管理する松山康久にとっても、嬉しいクラシック初制覇となった。

二冠目の日本ダービーも後方からの競馬となった。縦長になった馬群の後方4番手につけ、3コーナーからポジションを上げた。持ったままの手応えで4コーナーを回り、直線へ。内に切れ込みながらも凄まじい伸びを見せ、見事、二冠制覇をなし遂げた。

三冠競走を締めくくる菊花賞も後方からレースを進めた。2周目3コーナーで外から進出し、坂の下りで早くも先頭に並びかける大胆な競馬で2着を3馬身突き放した。

かくしてミスターシービーは、19年ぶり、史上3頭目の三冠馬となった。

翌1984年の天皇賞・秋も圧巻だった。このときから距離が2000メートルに短縮された記念すべきレースで、最後方から前を一気にかわす「お約束」の走りで優勝。GI級レース4勝目をマークした。

吉永は、この年の天皇賞・春もモンテファストで勝っており、天皇賞春秋制覇という、華々しい実績を残した。

ときは前後するが――。

ミスターシービーが勝った皐月賞が行われた1983年4月17日、寺山修司は、フジテレビの競馬中継にゲスト出演していた。雨のなか、吉永とミスターシービーが栄冠を手にする瞬間をライブで見ていたのだ。そのとき、どんな思いが寺山の胸に沸き上がってきたのだろう。

それを記した文章が残されることはなかった。

寺山の肉体はすでに病魔に蝕まれていた。競馬を文芸にした奇才・寺山修司は、吉永とミスターシービーの三冠制覇を見届けることなく、肝硬変と腹膜炎のため敗血症を併発し、同年5月4日に世を去った。まだ47歳だった。

吉永は、天皇賞春秋制覇を果たした2年後の1986年3月、騎手を引退した。通算2753戦461勝という成績だった。

# 意外性で「穴党」を歓喜させた仕事人
# 田島良保
［たじま・よしやす］
戦後生まれ初の三冠ジョッキー

Tajima Yoshiyasu

| | |
|---|---|
| 生年〜没年 | 1947〜 |
| 出身地 | 鹿児島県 |
| デビュー年〜引退年 | 1966〜1992 |
| 現役年数 | 27年 |
| 所属 | 関西 |
| 所属厩舎 | 谷八郎➡谷栄次郎➡谷八郎➡フリー |
| JRA通算勝利数（重賞勝利数） | JRA817勝（重賞40勝） |
| 地方・海外通算勝利数 | — |
| 特記事項 | JRA史上最年少のダービー制覇 |

1980年、菊花賞を制覇したノースガストと田島良保（Keiba Book）

「必殺仕事人」と呼ばれた騎手がいた。

戦後に生まれた騎手として初めてクラシック三冠を全勝した田島良保である。

鹿児島県姶良郡牧園町（現・霧島市）出身の田島は、1963（昭和38）年春、馬事公苑長期騎手課程に第14期生として入った。同期には小島太、安田富男、池上昌弘らがおり、1期下には岡部幸雄、柴田政人、福永洋一ら「花の15期生」がいた。

田島は1965（昭和40）年、京都競馬場の谷八郎厩舎に入門。そして翌1966年3月5日にデビューし、同日の2戦目で初勝利を挙げる。その年23勝を挙げて関西民放競馬記者クラブ賞（新人賞）を受賞し、2年目には自厩舎のクリバツクで金鯱賞と小倉記念を勝つ。

下乗り時代から向こう意気が強く、生意気な若者として知られていた田島を、師匠の谷は起用しつづけた。田島よりひと回り下の弟弟子となる田原成貴も破天荒さでは引けを取らなかった。谷は、弟子入りしたばかりの田原にも、すでに実績を重ねていた田島にも同じように接し、強烈な個性を持つ彼らを名騎手へと育て上げた。

田島はデビュー5年目の1970（昭和45）年から騎乗した自厩舎のヒカルイマイとともに大きく飛躍する。

ヒカルイマイの5代母にあたるミラは前述したように明治時代にオーストラリアから輸入された名牝だ。しかし、血統書がなかったため、その子孫は純粋なサラブレッドではないとして

「サラ系」に分類された。

ヒカルイマイはセリで売れ残るなど、当初は評価が低かったが、田島を背に5番人気で迎えた新馬戦を5馬身差で圧勝。次走のなでしこ賞とオープンも勝ち、翌1971年のきさらぎ賞で重賞初勝利を挙げた。そしてクラシックを狙って東上。23歳だった田島は、関東で初めて実戦に騎乗することになる。

田島が操るヒカルイマイは、東上初戦となった3月の中山芝1600メートルのオープンで2着、4月のスプリングステークスでは4着と敗れるも、5月2日の第31回皐月賞では後方から直線だけで前をかわして優勝。人馬ともにクラシック初制覇を遂げた。

さらに中2週でNHK杯を勝ち、6月13日の第38回日本ダービーに出走する。28頭という多頭数のなか、道中は最後尾に近い後方に待機。直線で外から豪快に伸び、2着のハーバーローヤルを1馬身1／4突き放して二冠制覇を達成した。

ダービー初騎乗の重圧はなかったかと問われた田島はこう言った。

「ぼくはダービーに乗ったんじゃない。ヒカルイマイに乗ったんだ」

23歳7カ月でのダービー優勝は、JRAが1954（昭和29）年に発足してからの騎手による最年少優勝記録である（史上最年少優勝は前田長吉の20歳3カ月）。

2年後の1973年、田島はハマノパレードで宝塚記念を制する。本命のタイテエムを首差抑えての逃げ切りだった。ヒカルイマイで見せたような追い込みが得意と思われていた田島が別の上手さを見せた。

そのレースを関西テレビのアナウンサーとして実況した杉本清は、田島に「必殺仕掛人」というニックネームをつけた。そう、最初は「仕事人」ではなく「仕掛人」だったのだ。テレビドラマ「必殺仕事人」が始まったのは、もっとあとの1979年の春だった。その翌年、1980（昭和55）年の菊花賞を田島が5番人気のノースガストで勝ち、戦後生まれ初の三冠ジョッキーとなったころから「仕事人」の呼び名が定着した。

その菊花賞は、本命のモンテプリンスと叩き合い、競り落として手にした栄冠だった。

時間は前後するが、ハマノパレードで宝塚記念を勝った1973年の秋、田島は京都新聞杯で9番人気のトーヨーチカラに乗り、1番人気のハイセイコーを2着に負かしている。単勝は9300円。

「仕事人」の特技のひとつが、そうした「大物食い」であった。

1986（昭和61）年のマイルチャンピオンシップでは6番人気の牝馬タカラスチールに乗り、単枠指定の大本命ニッポーテイオーを鼻差で下した。単勝は2000円。

そして1989（平成元）年、10番人気のライトカラーでオークスに臨んだ。1番人気は、デビュー3年目の武豊が乗る桜花賞馬シャダイカグラ。田島は同馬を終始マークし、首差で勝利をもぎ取った。単勝3480円。このとき武は20歳、田島は41歳だった。

田島がタカラスチールに初めて乗った実戦は、マイルチャンピオンシップの前哨戦のスワンステークス（4着）だった。ライトカラーは桜花賞（8着）がテン乗りで、オークストライアルの4歳牝馬特別（5着）を経て、次走のオークスを制した。

ビッグレースに狙いを定めた陣営から依頼を受け、きっちり答えを出す。さすが「仕事人」である。

騎手・田島良保はGI級レースを7勝した。が、1番人気での勝利は一度もなかった。

血統が地味だったり、癖があったり、遅咲きだったりと、何らかのマイナスを抱えた馬とコンビを組み、エリートたちを打ち負かしてきたのだ。

そんな田島も、「全盛期のイメージで馬に跨っているのに、イメージどおりに馬が動かない。ごまかしながら騎手をつづけるのは嫌だった」と、1992（平成4）年2月限りで現役を引退する。

27年の騎手生活で7790戦817勝。うち重賞は40勝。

調教師試験の一次試験が免除された1000勝に到達するまで、やろうと思えばやれたのかもしれないが、潔く鞭を置いた。いかにも「仕事人」らしい引き際であった。

# 史上初！オークス3連覇を果たした「牝馬の嶋田」

# 嶋田功

［しまだ・いさお］

たび重なる落馬に耐え、牝馬三冠も全勝利

Shimada Isao

| | |
|---|---|
| 生年〜没年 | 1945〜 |
| 出身地 | 北海道 |
| デビュー年〜引退年 | 1964〜1988 |
| 現役年数 | 25年 |
| 所属 | 関東 |
| 所属厩舎 | 稲葉幸夫➡フリー |
| JRA通算勝利数（重賞勝利数） | JRA951勝（重賞152勝） |
| 地方・海外通算勝利数 | — |
| 特記事項 | オークス通算5勝 |

1974年、トウコウエルザでオークス三連覇を達成した嶋田功（Keiba Book）

落ちることができるものは、いつも高きに在る。私は日本で一番よく落ちる騎手嶋田功は、一番高い場所にいるのだと思わぬわけにはいかないのである。

寺山修司が、著書『競馬への望郷』所収「騎手伝記」の嶋田功の稿にそう記したほど、嶋田はたびたび落馬事故を経験した。

なかでも広く知られているのは、1969（昭和44）年の日本ダービーで、スタート直後に1番人気のタカツバキから落馬したレースだ。

このとき嶋田はデビュー6年目の23歳。2年目に安田記念と七夕賞優勝を含む33勝、5年目には58勝を挙げてベスト10入りするなど、上昇気流に乗っていた。そして、このタカツバキとの初コンビとなった3月の4歳抽選馬特別（旧馬齢）を勝ち、スプリングステークス2着、皐月賞3着と来て、ダービーで単勝支持率44・4％という圧倒的な支持を得ることになった。

しかし、そこで悲劇に見舞われる。前夜から降りつづいた雨のため、東京競馬場の芝コースは泥んこの不良馬場になっていた。出走馬は28頭。タカツバキは真ん中に近い4枠11番を引いていた。ゲートが開くと、内枠の馬は馬場のいい外へ、外枠の馬はコースロスのない内へと殺到したため、両側から挟まれて行き場を失い、落馬したのだ。

当時のレコードとなった16万7000人強を呑み込んだスタンドが揺れた。そのなかに、このとき高校2年生だった直木賞作家の浅田次郎もいた。浅田が競馬場を訪れたのは、これが初めてのことだった。家を出てアルバイトで自活していた浅田は、タカツバキから馬券を買っていた。手元の馬券が紙屑になったショックが大きかったがゆえに、競馬について真剣に考えるようになり、のちに馬主にまでなったのだから、面白い。

このダービーを勝ったのは、嶋田より1学年上の大崎昭一が騎乗したダイシンボルガードだった。2着は、日本にモンキー乗りをひろめた保田隆芳のミノル。この馬でダービーを獲るために騎手引退を1年遅らせた期待馬だった。4着のリキエイカンは翌70年の天皇賞・春を制覇。16着のメジロアサマは天皇賞・秋を制し、メジロアサマ、メジロマックイーンとつづく父仔3代天皇賞制覇の偉業の第一歩を記した名馬だ。

さまざまな意味で印象的なダービーで、嶋田は「負の主役」となってしまった。怪我はなかったが、涙が出てきた。リーディングも1000勝ジョッキーの名誉もいらない。必ずダービージョッキーになってやる――と思ったという。

2年後の1971年、嶋田はナスノカオリで桜花賞を勝ち、クラシック初制覇を遂げた。さらに1972年にはタケフブキでオークスを優勝。しかし、秋に落馬で頭蓋骨を骨折して一時意識不明に。翌1973（昭和48）年に復帰すると、ナスノチグサでオークスを勝ち、オークス連覇を達成。そして、翌週のダービーではタケホープに騎乗し、国民的アイドルのハイセイコーを破って優勝する。当時中学3年生だった田原成貴は、島根の実家のテレビでこのダービーを見ていた。嶋田が右手を高々と挙げる姿を「カッコいい！」と思い、自分も騎手を目指すようになった。そして「天才」とも「競馬界の玉三郎」とも呼ばれる名騎手になった。

そうした印象深いシーンで重要な役割を演じるよう、競馬の神様が嶋田をキャスティングしたかのようでもある。４年前のダービーで味わった落馬の屈辱を、同じ舞台で晴らした喜びと興奮、解放感はどれほど大きかったのだろう。

それを示すエピソードを、24年後の１９９７年にサニーブライアンでダービーを勝ち、二冠制覇を達成した大西直宏が教えてくれた。大西は、ゴールしてからの記憶がなく、気がついたら馬を止めて撫でていたという。そして、その夜、大西が何をしたかというと——。

「嶋田功さんがダービーを勝った日の夜、ひとりで和室に布団を敷いて寝たという話が印象に残っていたんです。だから、その夜、ぼくも実行しました」

体内の熱いものを、畳の部屋がその匂いと静かさで包み込んでくれるのか。「競馬の祭典」の栄光のゴールを駆け抜けた者だけにわかる余韻なのだろう。

ダービージョッキーとなった嶋田はしかし、その年の秋、調教中に落馬して、長期休養を余儀なくされた。

1974年に復帰するとタケホープで天皇賞・春を優勝。さらにトウコウエルザでオークスを勝ち、史上初のオークス3連覇を達成した。1975年春にまたも落馬で負傷し休養するも、翌1976年、テイタニヤで桜花賞とオークス、アイフルで天皇賞・秋を制覇。1981年にはテンモンでオークスの最多勝記録を更新する5勝目をマーク。そして1982年にはビクトリアクラウンでエリザベス女王杯を勝ち、史上初の牝馬三冠全勝騎手となった。

落馬事故がなければ、嶋田はとっくにリーディングジョッキーになっていた男である。

ぼくは馬から落馬したのではない、当時の幸福すぎた人生から落馬したのです。

これらは、寺山が東京・京王プラザホテルのラウンジで嶋田に一対一で取材して書いたものだ。後者は嶋田の言葉どおりではないようだが、それを読んで、

——さすが寺山先生、面白い表現をするものだなあ。

と感心したという。

競馬史に残る名レースを演出した名手・嶋田功は、1988年、騎手を引退した。

ソツのない確かな騎乗で見事な結果を見せた関西のリーダー

# 河内洋

［かわち・ひろし］

武豊のお手本となった美しいフォームの名手

Kawachi Hiroshi

| | |
|---|---|
| 生年〜没年 | 1955〜 |
| 出身地 | 大阪府 |
| デビュー年〜引退年 | 1974〜2003 |
| 現役年数 | 30年 |
| 所属 | 関西 |
| 所属厩舎 | 武田作十郎➡フリー |
| JRA通算勝利数（重賞勝利数） | JRA2111勝（重賞134勝） |
| 地方・海外通算勝利数 | 29勝 |
| 特記事項 | リーディングジョッキー3回 |

2000年、17度目の挑戦で日本ダービーを制覇した河内洋とアグネスフライト（Keiba Book）

美しいフォームを崩さず、ソツのない手綱さばきで馬を御す。フェアな騎乗で結果を出しつづけた名騎手。それが河内洋だった。アグネスレディー、ニホンピロウイナー、メジロラモーヌ、サッカーボーイ、ダイイチルビー、メジロブライト、アグネスタキオンといった名馬とともに、一時代を築いた。

河内は、1955（昭和30）年2月22日、大阪の長居競馬場で騎手をしていた父・信治の次男として生まれた。祖父の幸四郎は京都競馬場の調教師という競馬一家であった。

河内は中学を卒業した1971（昭和46）年、京都競馬場の武田作十郎厩舎に入門する。その前年、武邦彦が戸山為夫厩舎から移籍していた。武一家は武田厩舎の端の部屋で暮らしていた。1969年に生まれた邦彦の三男の豊は、毎日のように顔を合わせる河内を「ひろし兄ちゃん」と呼んでいたという。

体重が重かった河内は、2年つづけて見習騎手となる規定体重を超過し、デビューは19歳になった1974年の春になった。スタートこそ遅れたが、すぐに才能の煌きを見せる。3月3日、中京競馬場で初騎乗初勝利をやってのけると、この年26勝を挙げ、関西リーディング7位（全国18位）の好成績を残した。2年目には小倉大賞典で重賞初制覇。5年目には68勝を挙げ関西リーディング2位（全国3位）となり、翌1979年にはアグネスレディーでオークスを勝ち、クラシック初制覇を果たす。この年、ハシハーミットで菊花賞も制する。

そして翌１９８０（昭和55）年、72勝を挙げ、初の全国リーディングジョッキーのタイトルを獲得。25歳だった。１９８１年にはカツラノハイセイコで天皇賞・春、１９８２年にはヒカリデユールで有馬記念、１９８３年にはロンググレイスでエリザベス女王杯、グレード制が導入された１９８４年にはニホンピロウイナーでマイルチャンピオンシップと翌１９８５年の安田記念、１９８６年にはメジロラモーヌで牝馬三冠を制するなど、大舞台で輝きつづけた。

１９８５年と86年にはまたもリーディングジョッキーに。20代後半から30代にかけての充実期に頂点に立った河内であったが、一人勝ちだったわけではなかった。「優駿」１９９４年２月号の作家・藤本義一によるインタビューでライバルについて訊かれ、こう話している。

ライバルというのとは違うかもしれませんが、刺激を受けるのは田原騎手ですね。年齢は彼の方が下ですけど、ある時代同じように生きてきた時代がありましたからね。

河内より４歳下の田原成貴は、デビュー２年目の１９７９年、64勝を挙げ関西リーディングジョッキーとなり、「天才」と呼ばれた。６年目の１９８３年に有馬記念を勝ち八大競走初制覇を遂げ、初の全国リーディングジョッキーに。翌１９８４年はダイアナソロンで桜花賞を勝つなど大舞台で「華」を見せながら２年連続リーディングジョッキーとなった。

河内が、ストイックで静かな職人タイプだったのに対し、田原は派手な言動やパフォーマンスで、たびたび物議をかもした。すべてが対照的だった2人は「河内洋が東を向けば、田原成貴は西を向く」とも言われた。田原は著書『覚悟』のなかでこう述べている。

騎手として伸び盛りの時期に仮想敵に据えたのが河内さんでよかったと思う。あの人がいなければ、今の田原成貴はなかっただろう。

河内の弟弟子の武豊がデビューするのは1987年だ。武が騎手候補生だったとき、引っ掛かってまともに走らせることのできなかった馬に、翌日、河内が楽に折り合いをつけて乗っていた。デビュー前とはいえ、騎乗技術に自信を持っていた武は衝撃を受けた。

「河内さんが兄弟子じゃなければ、ぼくは天狗になっていたかもしれない」

武はのちにそう話している。

1988年、河内はアラホウトクで桜花賞、サッカーボーイでマイルチャンピオンシップを勝ったほか、オグリキャップで重賞を6勝した。また、6月4日には、当時の史上最年少記録の33歳で通算1000勝を達成している。

「いくらおれが『ひかり』みたいに勝っても、後ろから『のぞみ』みたいなやつ（＝武）が追いかけてくるからな」と笑った河内は、騎乗の極意を次のように表現した。

「水を馬の能力として、それを一杯に入れたコップを持ってコースを走る。なるべくこぼさないでゴールするのが上手な騎手」

1990年には自身の手綱でオークスを制したアグネスレディーの娘アグネスフローラで桜花賞を勝つ。このクラシック母娘制覇が、河内にさらなる勲章をもたらす。

2000年5月28日、第67回日本ダービーに、河内はアグネスフローラの仔アグネスフライトで参戦した。道中は最後方に待機し、直線、大外から豪快に伸び、先に抜け出した武のエアシャカールとの叩き合いを鼻差で制した。デビュー27年目、柴田政人の19度目に次ぐ史上2番目（当時）に多い17度目のダービー挑戦にして悲願を達成した。アグネスレディーからの母仔3代クラシック制覇はJRA史上初の快挙であった。翌2001年にはアグネスフライトの全弟アグネスタキオンで皐月賞を勝ち、史上5人目のクラシック完全制覇を果たす。

2003年2月限りで騎手を引退。通算2111勝は、当時、岡部幸雄の2943勝（2005年の数字）に次ぐ史上2位の記録であった。

「馬の上では（ほかの騎手に）嫌がられ、馬を降りたら誰からも好かれるように。武田先生の『誰からも好かれる騎手になりなさい』という教えを、ぼくはそう解釈していました」

静かな名手は、最後まで、それを貫きとおした。

# 2頭の芦毛の名馬と三冠馬でファンの心を掴む

# 南井克巳
［みない・かつみ］

## 熱い情熱を前面に打ち出す「ファイター」

Minai Katsumi

| | |
|---|---|
| 生年〜没年 | 1953〜 |
| 出身地 | 愛知県 |
| デビュー年〜引退年 | 1971〜1999 |
| 現役年数 | 29年 |
| 所属 | 関西 |
| 所属厩舎 | 工藤嘉見➡フリー➡宇田明彦➡星川薫➡フリー |
| JRA通算勝利数（重賞勝利数） | JRA1527勝（重賞77勝） |
| 地方・海外通算勝利数 | — |
| 特記事項 | 1994年に当時の年間G1最多勝記録となる5勝を達成 |

1988年、天皇賞・春を制覇した、タマモクロスと南井克巳（Keiba Book）

オグリキャップに騎乗し、ゴール寸前で劇的な逆転勝利をもぎ取った１９８９（平成元）年のマイルチャンピオンシップ。それからしばらく経ったある日、新聞記者に「感動しました」と言われると、「そうか」と答え、目を潤ませたという。そうしたエピソードのほか、「直線で馬群を割るとき『オンドリャー！』と叫んでいたらしい」といった噂も聞こえてきた、情に厚いファイター。それが南井克巳である。

南井は１９５３（昭和28）年1月17日、京都に生まれた。愛知県刈谷市の中学を卒業後、馬事公苑の長期騎手課程に入苑。１９７１（昭和46）年、工藤嘉見厩舎の所属騎手としてデビューする。その後一時期フリーとなり、１９７８年から１９９４年1月までは宇田明彦厩舎、宇田の死後、同年4月までは星川薫厩舎所属となり、再びフリーに。世代的には、岡部幸雄、柴田政人、福永洋一ら「馬事公苑花の15期生」より2期下で、短期騎手課程からデビューした河内洋より2歳上である。

重賞初勝利は20歳になったばかりだった１９７３年2月、キョウエイアタックでの中日新聞杯。この若さで重賞を勝ったのだから、まずまずの滑り出しだったわけだが、大舞台には縁がなかった。そんな彼の運命が、一頭の名馬――芦毛のタマモクロスの鞍上で劇的に変わる。

タマモクロスは１９８７年3月1日に南井を背に旧4歳新馬戦でデビューし、7着。3戦目の阪神ダート１７００メートルの未勝利戦で初勝利を挙げる。次走の京都芝２０００メートルの未勝利戦は競走中止、その後、ダート戦で4連敗したあと、約5カ月ぶりの芝のレースとなった400万下を境に「変身」する。そこを7馬身差で勝つと、つづく藤森特別を松永幹夫が騎乗し8馬身差で圧勝。南井に手綱が戻った12月の鳴尾記念を6馬身差で制し、重賞初制覇を遂げる。以降は引退まで南井が乗りつづけ、翌1988年初戦の金杯では馬群を縫うようにして差し切り勝ち。つづく阪神大賞典はダイナカーペンターと同着ながら優勝。次走の天皇賞・春を3馬身差で制し、人馬ともにGI初制覇を果たす。クラシックに間に合わなかったタマモクロスにとっては、旧5歳にしてGI初出走・初制覇。35歳になっていた南井にとっては、デビュー17年目にしてつかみ取った栄光であった。

つづく宝塚記念では、郷原洋行・ニッポーテイオーを下してGIを連勝。

さらに、10月30日の天皇賞・秋では、河内洋・オグリキャップとの「芦毛対決」を制してGI3連勝。次走のジャパンカップでもオグリキャップには先着したが、アメリカのペイザバトラーに半馬身及ばぬ2着に惜敗。ラストランとなった有馬記念では、岡部幸雄に乗り替わったオグリキャップをかわし切れず、2着に終わった。

初めてのGIをプレゼントしてくれた相棒が引退して寂しくなると思っていたら、翌1989年の秋から、かつては敵だったオグリキャップに騎乗することになった。タマモクロスとオグリキャップに共通していたのは、芦毛で強かったということのほか、強力なライバルに恵まれたことであった。南井克巳・オグリキャップは、コンビ初戦となったオールカマーを完勝した次走の毎日王冠で、柴田政人・イナリワンとの壮絶な叩き合いを鼻差で制した。つづく天皇賞・秋では武豊・スーパークリークをとらえ切れず2着に惜敗。中2週で出走したマイルチャンピオンシップでは、冒頭に記したように、武豊・バンブーメモリーを内から競り落として鼻差で優勝。連闘で臨んだジャパンカップでは、ニュージーランドの牝馬ホーリックスを最後まで追い詰め、同タイムの世界レコードとなる2分22秒2で走り切り2着。つづく有馬記念で5着に敗れたのを最後にコンビを解消することになった。

30代半ばの円熟期にいきなりキャリアのピークが来た印象であったが、南井はここからさらなる高みへと進んで行く。

40歳になった1993（平成5）年、夏の函館で行われた旧3歳新馬戦で、彼はタマモやオグリに勝るとも劣らぬスケールの歴史的名馬に騎乗する。

ナリタブライアンである。ブライアンは、同年の朝日杯3歳ステークスを勝ち、翌1994年のクラシック三冠と有馬記念を圧勝。三冠競走で2着馬につけた着差の合計は15馬身半にもなった。歴代の三冠馬でトップの数字である。

また、この年、南井はマーベラスクラウンでジャパンカップを制し、年間GI5勝という、当時の最多勝記録を樹立した。

１９９８年の宝塚記念では「稀代の快速馬」サイレンススズカでじわっと先頭に立って、徐々に後ろを離して大逃げの形に持ち込む、という見事な騎乗で優勝。同馬に唯一のGⅠタイトルをもたらした。

南井にとってGⅠ16勝目。これが最後のGⅠ勝利となり、翌１９９９年2月限りで騎手を引退。調教師に転身した。

大舞台で活躍しはじめたころには、１９８７年にデビューした武豊が騎手界を席巻していたため、リーディングを獲得することはなかった。

また、「ファイター」としてのイメージが先行したためか、当たりのやわらかさが求められる牝馬では、エイシンバーリン、メインキャスター、ファンドリポポ、シンウインド、マヤノジョウオらで重賞を勝ったものの、GⅠを勝つことはできなかった。同じ関西所属の武や河内、田原成貴といった騎手たちが「牝馬の〜」と呼ばれる名手で、彼らに有力馬の騎乗が偏ったことも影響したのかもしれない。

ともあれ、数々の名勝負で主役を張りつづけた騎手・南井克巳は、きわめて個性的で、魅力あふれる名手であった。

# 勝つも負けるも派手な「ピンクの勝負服」
# 小島太
［こじま・ふとし］
## 華のある「サクラ」の主戦騎手

Kojima Futoshi

| | |
|---|---|
| 生年～没年 | 1947～ |
| 出身地 | 北海道 |
| デビュー年～引退年 | 1966～1996 |
| 現役年数 | 31年 |
| 所属 | 関東 |
| 所属厩舎 | 高木良三➡高木嘉夫➡フリー |
| JRA通算勝利数（重賞勝利数） | JRA1024勝（重賞85勝） |
| 地方・海外通算勝利数 | — |
| 特記事項 | G1級レース10勝 |

1988年、日本ダービーを制覇した小島太とサクラチヨノオー（Keiba Book）

その手綱さばきには独特の華があった。勝ち方には極めつきの鮮やかさがあり、負けるときもまた派手だった。

小島太は、「サクラ」の冠がつく馬の主戦騎手として一時代を築いた。レース中馬群のなかにいても、検量室にいても、すぐに見つけられる存在感があった。

小島は1947（昭和22）年、オホーツク海に面した北海道斜里郡小清水町で生まれた。父が馬を扱う仕事をしていたので幼少期から馬に接し、騎手への道を志すようになった。背が伸びないよう箪笥の引き出しに入って眠ったというエピソードはつとに知られている。

中学を卒業した1963（昭和38）年、馬事公苑長期騎手課程第14期生となる。同期には、田島良保、安田富男、池上昌弘ら、のちに一線級として活躍する個性派が揃っていた。

東京競馬場の高木良三厩舎に所属し、1966年3月にデビュー。翌年、グローリーターフで東京障害特別・春を制し重賞初勝利を挙げたほか、タマクインで関屋記念と毎日王冠を勝つなど重賞3勝を含む37勝。1972（昭和47）年には48勝を挙げて関東リーディングジョッキーとなる。このとき25歳。ちなみに、前年オークスでクラシック初制覇を果たした1期下の岡部幸雄は同年36勝にとどまっていた。

小島は、翌1973年、サクライワイで函館3歳ステークス（旧馬齢）を制し、さくらコマースの全演植に初の重賞タイトルをプレゼントする。そして1978（昭和53）年、サクラショウリで日本ダービーを勝ち、クラシック初制覇。大オーナーの全がパトロンのような形で小島を支えた、というイメージがあるが、実際は、こうしてともにのし上がっていったのだ。

それからも小島は大舞台で華を咲かせつづける。1986年にはサクラユタカオーで天皇賞・秋、1987年にはサクラチヨノオーで朝日杯3歳ステークス（旧馬齢）、1988年にはそのサクラチヨノオーで自身のダービー2勝目を挙げた。

私が初めて膝を突き合わせて話す機会を得たのは、1993（平成5）年、サクラバクシンオーでスプリンターズステークスを制する少し前のことだった。場所は、小島が行きつけの渋谷のバーだった。バレーボール男子の日本代表になった親子3人が同席していた。

「3人合わせたら身長6メートルだよ」

小島は、そんな冗談を言いながら、同じペースで飲みつづける。煙草を銜えた彼に私がライターの火を差し出すと、頷いてから言った。

「火をくれるのはいいけど、おれは受けるとは言ってないぞ。そういうときは黙って差し出すんじゃなく、『失礼します』とひと言付け加えるんだ」

46歳の先達の言葉は、29歳の書き手の胸に残った。前出のバレーボール日本代表の父子で、小島と話すのはもっぱら「監督」と呼ばれていた父だけだった。息子たちは、直接小島と口を利くのはまだ早い、と父に言われていたらしい。それほどの敬意を向けられていたのだ。

優男風の外観でありながら、間近で見る手のひらは驚くほど分厚かった。

帰り際、小島は独り言のように呟いた。

「おれは成績では岡部さんに追い越されたけど、負けていないところもあるよ」

1期下の後輩に「さん」をつけるところに、勝負師の意地と両者の距離が感じられた。

1994年にはサクラキャンドルで史上13人目の通算1000勝を達成し、サクラバクシンオーでスプリンターズステークス連覇を果たす。

1995年秋、翌年2月限りでの現役引退を発表すると、サクラチトセオーで天皇賞・秋、同馬の妹のサクラキャンドルでエリザベス女王杯を制覇。天皇賞のゴール後には、スタンドから「やめるなコール」が沸き起こった。

そのころ私が司会を担当した田原成貴との雑誌「競馬塾」における対談で、小島はこう話した。


ファンから見たら、小島太は日本一下手だと言うヤツが半分で、まあ、上手いと言ってくれるヤツも半分いるかもしれないけど、そんな程度の評価だと思うよ。おれはサクラの馬、境厩舎と形が決まっている。残りの97％の調教師がおれを起用しないんだけど、おれにしてみれば、どうしておれを使ってくれないのかな、という気持ちもあるんだ。

確かに、鮮やかな手綱さばきを見せる一方で、サクラホクトオーで外埒沿いまで行って5着に敗れた1989年の菊花賞など、叩かれる騎乗も一度ならずあった。

また、GⅠ級レース10勝のうち、実に9勝が「サクラ」の馬によるものだった。馬主と騎乗契約を結ぶ騎手が多いヨーロッパならともかく、日本では珍しいケースだ。が、これだけ偏りながらも通算1024勝もの勝ち鞍を挙げたのは、腕があったからこそだ。

ピンクの勝負服ばかりで活躍するという「色」がつくことを厭わぬように見せながら、いろいろな思いを抱え、乗りつづけた。

人間的な魅力で後輩たちに慕われた。田原成貴のほか、横山典弘、蛯名正義、田中勝春、四位洋文といった騎手たちの兄貴分だった。

最後にもうひとつ、騎手・小島太が与えてくれた、忘れられない言葉を紹介したい。

「競馬っていうのは、手を動かしたから仕掛けたとか、ステッキで叩いたから仕掛けたというものじゃないんだ。乗ってる者の気持ちがハッとしたら、それが馬に伝わる。仕掛ける、というのはそういうことなんだよ」

ある領域に達した者だけが言える言葉ではないか。

# 9年連続リーディングジョッキーになった「天才中の天才」
# 福永洋一
［ふくなが・よういち］

## 絶頂期を襲ったまさかの落馬

Fukunaga Yoichi

| | |
|---|---|
| 生年～没年 | 1948～ |
| 出身地 | 高知県 |
| デビュー年～引退年 | 1968～1981 |
| 現役年数 | 14年 |
| 所属 | 関西 |
| 所属厩舎 | 武田文吾 |
| JRA通算勝利数<br>（重賞勝利数） | JRA983勝<br>（重賞49勝） |
| 地方・海外通算勝利数 | — |
| 特記事項 | 9年連続リーディングジョッキー |

1977年、皐月賞を制覇したハードバージと福永洋一（Keiba Book）

高知競馬場で行われている重賞「福永洋一記念」は、2019年5月2日の開催で10回目を迎えた。毎年のように福永本人と息子の祐一が訪れる、華やかな春のマイル重賞として、すっかり定着した感がある。

福永洋一は1948（昭和23）年12月18日、高知県高知市で生まれた。家は素封家だったが、戦後に没落。母は家を出て、きょうだいは散り散りになり、末っ子の洋一は、細々と漁業を営む父と2人暮らしをつづけた。小学校高学年になると、父が獲ってきた魚を近所で売り歩くようになった。父と2人で水だけ飲んで過ごした正月もあったという。中学2年のとき、父が亡くなると、姉の嫁ぎ先の高知競馬場の厩舎に引き取られた。長兄の甲は中央競馬の騎手になり、次兄の二三雄、三男の尚武は南関東の騎手になった。

「競馬の世界に入れば、白い飯が腹一杯食えるぞ」

長兄の甲にそう言われた福永も、騎手を目指すようになった。

福永は、1964（昭和39）年春、世田谷の馬事公苑長期騎手課程第15期生となった。同期には、岡部幸雄、柴田政人、伊藤正徳らがいた。何度も繰り返しているように、「花の15期生」と呼ばれる面々である。

この1964年は東京オリンピックが行われた年であった。競馬においては、国営競馬を引き継いだ日本中央競馬会が設立10年を迎え、シンザンが史上2頭目の三冠馬となった。騎手界では、前年、保田隆芳が史上初の通算1000勝を挙げ、この年、野平祐二が通算900勝をマークしている。

入苑時15歳だった福永、岡部、柴田、伊藤の出身地は、それぞれ高知、群馬、青森、兵庫（伊藤の出生地は北海道）。さまざまな地方から出てきた少年たちが夢を追った。

岡部と柴田は1967年に騎手としてデビューしたが、1度騎手試験に落ちた福永のデビューは翌1968年になった。当時は1～2度試験に落ちることが珍しくなかった。伊藤もそうだったし、10期下で、「元祖天才」と呼ばれた田原成貴も落ちている。

福永は、京都競馬場の武田文吾厩舎に所属した。武田は、1957年の牝馬二冠馬ミスオンワード、1960年の二冠馬コダマ、前述のシンザンなどを管理した伯楽だ。「東の尾形、西の武田」と並び称された大物で、「コダマはカミソリ、シンザンはナタの切れ味」などの名言を残している。

デビューした1968年は14勝、2年目は負担重量不足による3カ月間の騎乗停止がありながら45勝。そして3年目の1970（昭和45）年、86勝を挙げ、リーディングジョッキーのタイトルを獲得する。以降、92、105、80、88、86、106、126、131勝を挙げ、9年連続リーディングジョッキーとなる。武豊が1992年から2000年までリーディングジョッキーとなって並んだが、9年連続というのは今でも日本最多記録である。

1970年から1978年まで、福永に日本一の座を譲ることになった関東リーディングジョッキーの名を順に記すと、野平祐二、加賀武見、小島太、柴田政人、郷原洋行（翌1975年も）、岡部幸雄、増沢末夫、郷原洋行。いかに騎手・福永洋一が偉大だったかよくわかる。

重賞初勝利は1970年3月の京都千歳特別（旧馬齢）。翌1971年10月、ニホンピロムーテーで菊花賞を勝ち、クラシック初制覇を遂げた。この菊花賞は、「京都の坂はゆっくり上って、ゆっくり下る」という「鉄則」を無視し、向正面なかほどで先頭に立って押し切ったもので、師匠の武田文吾でさえ一度は勝負を諦めたと伝えられている。「定石」や「型」にとらわれない、柔軟で、ときに奔放にも見える、福永ならではの騎乗であった。

翌1972年の天皇賞・秋（当時は東京芝3200メートル）では7番人気のヤマニンウエーブに騎乗。パッシングゴールが40馬身ほど後ろを離す大逃げを打ち、そのまま流れ込むかに見えたが、ゴール直前、首差でとらえて優勝した。

そして1976（昭和51）年の天皇賞・春では、17頭中12番人気のエリモジョージの手綱をとった。勝つときは恐ろしく強く、負けるときはあっさりというムラっけがあり「気まぐれジョージ」と呼ばれたこの馬で、不良馬場を生かして逃げの戦術を取り、まんまと逃げ切った。鮮やかな逃げっぷりは、今も語り草になっている。

1977年にはインターグロリアで桜花賞、ハードバージで皐月賞を優勝。特に、2着が伊藤正徳のラッキールーラ、3着が柴田政人のアローバンガードと15期生の1―2―3で決まった皐月賞は、早めに先頭に立ったラッキールーラの後ろから狭いところを抜け出す、手品のようなレースだった。

次の年、1978年にはオヤマテスコで桜花賞を勝って同レース連覇を果たし、自身の年間最多勝記録を131に伸ばした。

翌1979年もリーディングを独走していたが、しかし、牝馬マリージョーイに騎乗した3月4日の毎日杯で落馬し、頭部を強打。騎手生命を絶たれてしまう。

通算5086戦983勝。5着内率は6割7分4厘。これは、加賀武見の6割1分2厘、岡部の6割0分1厘、野平祐二の6割0分0厘、そして2019年終了時の武豊の6割1分8厘をも上回っている。

「洋一さんは、どうしてあんなに勝つのか理屈で説明できない唯一の騎手だった」と田原が言えば、「今ビデオで見てもすごいと思う」と武も絶賛する。

1976年に生まれた息子の福永祐一が、2011年と2013年にJRAリーディングジョッキーのタイトルを獲得。史上初の親子のリーディングジョッキーとなった。

# 勝つための乗り方を追求して確立した「好位差し」の名手

# 岡部幸雄

［おかべ・ゆきお］

## クールでプロフェッショナルな「世界のオカベ」

Okabe Yukio

| | |
|---|---|
| 生年〜没年 | 1948〜 |
| 出身地 | 群馬県 |
| デビュー年〜引退年 | 1967〜2005 |
| 現役年数 | 39年 |
| 所属 | 関東 |
| 所属厩舎 | 鈴木清➡フリー |
| JRA通算勝利数（重賞勝利数） | JRA2943勝（重賞165勝） |
| 地方・海外通算勝利数 | 38勝 |
| 特記事項 | リーディングジョッキー2回、年間最高勝率騎手9回 |

1984年、皐月賞を制覇し指を1本立てる岡部幸雄とその後無敗の三冠馬になったシンボリルドルフ(Keiba Book)

「名手」と聞いて、あなたはまずどの騎手を思い浮かべるだろう。2005（平成17）年の現役引退から十数年の歳月が流れた今なお、この元騎手の名を挙げる人は多いのではないか。岡部幸雄。ポーカーフェイスで近寄りがたい。勝って自慢することもなければ、負けて言い訳することもない。「世界のオカベ」は、徹底的にクールなプロフェッショナルだった。

岡部は1948（昭和23）年10月31日、群馬県新田郡強戸村（現太田市強戸）に、父正一、母てうの次男として生まれた。生家は米作と養蚕の農家だった。祖父・岩吉の意向で、馬の育成もしていた。岡部は小さいころから馬の世話をし、その背に乗って走らせていた。

また、足利競馬場（2003年閉場）のレースに馬を使う調教師や騎手が馬を曳いて家の前の道を通り、ときおり家に立ち寄って行ったという。祖父に連れられ足利競馬場に通っていた岡部は、同じ北関東の高崎や宇都宮の競馬場にも行くようになった。

体の小さかった彼は、中学2年生ぐらいになると、騎手への道を意識するようになった。そして、家族に言わずにひとりで東京の馬事公苑に行って願書をもらい、送られてきた受験案内書を両親と祖父に見せた。それが「騎手になりたい」という初めての意思表示であった。

1963（昭和38）年秋に行われた試験に合格し、翌1964年春、馬事公苑騎手養成所に長期第15期生として入学した。16名の同期生のなかには、柴田政人、福永洋一、伊藤正徳らがいた。そう、「花の15期生」である。

岡部は、中山競馬場の鈴木清厩舎の所属騎手として、1967年3月4日にデビューした。5月5日に初勝利を挙げ、2年目の1968年12月1日、ハクセツで牝馬東京タイムズ杯を勝ち、重賞初制覇。3年目の1969年5月に通算100勝を達成。そして、デビュー5年目の1971年、カネヒムロでオークスを勝ち、クラシック初制覇を果たす。この一勝が、彼に大きなご褒美をもたらすことになった。

それに関して、岡部は「優駿」2012年11月号の福永祐一との対談でこう述べている。

おれも行く前からアメリカ競馬に憧れていたわけじゃないんだよ。師匠の鈴木清先生がアメリカで馬の勉強をしてきた人だったから、「サラブレッドレコード」などを何となく読んではいたけどね。(略)カネヒムロでオークスを勝った年の暮れ、流感で有馬記念の出走馬が6頭になったりして、それから1カ月くらい競馬が止まったの。そのとき、カネヒムロを管理していた成宮明光調教師がアメリカに行っていたので、オークスのご褒美としてお前も行ってこい、となったわけ。1週間ぐらい滞在して、サンタアニタパーク競馬場で調教に乗ったんだけど、見ると聞くとでは大違いだったね。

この1971年暮れの初渡米で、23歳だった彼は、馬の強さ、騎手のレベル、関係者の熱意などに目を見張る。そして翌1972年、再度アメリカに行き、8月11日に南カリフォルニアのデルマー競馬場で海外初騎乗を果たす。その後も毎年単身で渡米を繰り返し、「アメリカで騎乗していることが騎手としてのキャリアの支えになっている」と公言するようになる。28歳になった1976（昭和51）年、63勝を挙げ、初めて関東リーディングジョッキーの座についた。そして、36歳になった1984（昭和59）年、一頭の名馬とのコンビで競馬史に残る大仕事をやってのける。

その名馬とは、史上最強と言われたシンボリルドルフである。旧3歳だった1983年7月の新馬戦の舞台は新潟芝1000メートルだった。管理調教師の野平祐二は「1600メートルのつもりで乗ってほしい」と岡部に要求した。十数年後、武豊がスペシャルウィークに阪神や京都の芝1600メートルなどで東京芝2400メートルと同じ走り方をさせ、ダービー制覇への英才教育を施したが、その原型がここにあったのだ。

岡部が騎乗するシンボリルドルフは、新馬戦につづき、いちょう特別とオープンを楽勝。旧4歳の年明け初戦の弥生賞も、3カ月ぶりの実戦でプラス18キロの馬体増をものともせず圧勝。次走、クラシック三冠の皮切りとなる皐月賞も単勝1・5倍という人気に応えて完勝し、岡部は、口取り撮影で「まずは一冠」という意味で、人差し指を宙にかざした。

日本ダービーでは単勝1・3倍という、皐月賞以上の圧倒的1番人気に支持された。向正面で岡部が押してもルドルフは反応せず、場内が騒然とした。しかし、直線に入るとルドルフは自分からハミを取ってスパートし、1馬身3/4差で優勝。レース後、岡部は「ルドルフに競馬を教えてもらった」と語った。（※ハミ：馬の口に含ませ手綱をつなぐ金属製の馬具）

秋、セントライト記念をレコードで勝ち、つづく菊花賞も優勝。日本の競馬史上初めてとなる、無敗でのクラシック三冠制覇を達成した。

前述したように、岡部は36歳だった。興味深いことに、武豊がディープインパクトで三冠を制覇したのも36歳のときだった。ふたりの名手がキャリアのピークを迎えたときに名馬に出会い、競馬史を書き換える大仕事をやってのけたのは、「競馬の神様」の采配だろうか。

1985年7月6日、西ドイツ（当時）のハンブルグ競馬場で海外初勝利。7月27日にはシリウスシンボリでイギリスのキングジョージⅥ世&クイーンエリザベスステークス（8着）、9月1日には西ドイツのバーデン大賞（4着）に参戦するなど、日本馬で海外のGIに臨むようにもなっていた。

しかし、1986年にシンボリルドルフでアメリカのサンタアニタパーク競馬場で行われたサンルイレイステークスに参戦するも、レース中に故障を発生したらしく、7頭中6着に敗れた。「世界に通用する馬づくり」を合言葉に、「本場」欧米に追いつくことを大目標にしていた日本のホースマンの心に、最強馬シンボリルドルフでも勝てなかったという事実は、重くのしかかった。

翌1987年、39歳になった岡部は138勝を挙げ、初の全国リーディングジョッキーのタイトルを獲得する。同時に、史上初の騎手大賞（勝ち鞍、勝率、賞金の三冠）に輝いた。翌1988年6月、福島でレース中に落馬し、3カ月入院するブランクがあったが、1991年には2度目の騎手大賞を受賞するなど、トップジョッキーとして活躍しつづけた。

そして、1998年8月16日、タイキシャトルでフランスのジャックルマロワ賞を制し、海外GI初制覇をなし遂げた。クールな岡部の目に涙があった。管理調教師の藤沢和雄は、その12年前、サンルイレイステークスで夢破れたシンボリルドルフが所属した野平祐二厩舎の調教助手だった。そう、この勝利は、岡部と藤沢の積年の夢が成就した瞬間だったのだ――。

騎手が自費で単身外国に行き、現地で騎乗馬を得て腕を磨く、という流れを最初につくったのが岡部だった。ブレのないアメリカンスタイルで馬を御し、「好位差しこそ横綱相撲」という形を確立した。スピード競馬における最良の勝ち方を示したとも言える。岡部の位置取りを見れば、流れが速いのか遅いのかわかった。馬群のなかで自身を核としてレースを支配し、淡々と勝ち鞍を重ねた。その立ち居振る舞いも、後進たちの手本となった。

岡部は、2005年2月の騎乗を最後に鞭を置いた。56歳になっていた。通算2943勝は、2007（平成19）年に武豊に更新されるまで最多勝記録であった。

# 競馬史に残る名言を生んだ悲願のダービー制覇

# 柴田政人

［しばた・まさと］

## 同期の福永、岡部、伊藤正徳らと鎬を削った「勝負師」

Shibata Masato

| | |
|---|---|
| 生年〜没年 | 1948〜 |
| 出身地 | 青森県 |
| デビュー年〜引退年 | 1967〜1995 |
| 現役年数 | 29年 |
| 所属 | 関東 |
| 所属厩舎 | 高松三太➡境勝太郎➡高松邦男 |
| JRA通算勝利数（重賞勝利数） | JRA1767勝（重賞89勝） |
| 地方・海外通算勝利数 | ― |
| 特記事項 | 1988年にリーディングジョッキー |

1993年、ダービーを制覇したウイニングチケットと柴田政人（Keiba Book）

平成というのは、「騎手」の社会的な地位やイメージのみならず、騎手界の勢力図も劇的に変化した時代であった。

まず生まれたのは、世代交代の波だった。

昭和の終わりに競馬学校騎手課程の卒業生がデビューしはじめ、第3期生の武豊が1989（平成元）年、初めてリーディングジョッキーとなった。一方、1992（平成4）年、前人未到の通算2016勝を挙げ、54歳まで現役をつづけた「鉄人」増沢末夫が引退。翌1993（平成5）年には通算1515勝をマークした「剛腕」郷原洋行が鞭を置いた。

新旧の勢力が交錯した、その年のクラシックは、激烈な三強対決に沸いた。

3頭はまったく異なる個性を有しながら実力が拮抗しており、それぞれの主戦騎手の豪華さが、対決のボルテージをさらに高めた。

凄まじい切れ味を見せたナリタタイシンの鞍上は「天才」武豊。抜群の安定感を誇ったビワハヤヒデの背には「名手」岡部幸雄。そして、総合力の高さが光ったウイニングチケットの鞍上は「勝負師」柴田政人であった。

1993（平成5）年の三冠の皮切りとなる皐月賞で、柴田のウイニングチケットは1番人気に支持された。が、岡部のビワハヤヒデと牽制し合い、早めに動いたところを、後ろから一気に来た武のナリタタイシンに差し切られた。

次走は5月30日の競馬の祭典、第60回日本ダービー。「ダービーを勝ったら騎手をやめてもいい」とまで言っていた柴田にとって、これが19回目のダービー参戦であった。

柴田は長手綱でウイニングチケットを宥《なだ》め、中団の内で脚を溜めた。そして、直線で鋭く抜け出し、内のビワハヤヒデ、外のナリタタイシンの追い上げを振り切って優勝。44歳にして、ついにダービーの栄冠をつかみ取った。

「世界のホースマンに、私が日本ダービーを勝った柴田政人です、と言いたい」

レース後の柴田の言葉は、競馬史に残る名言として知られている。

しかし、翌1994(平成6)年の4月、レース中の落馬で負傷し、休養を余儀なくされる。復帰を目指してリハビリに励んでいたが断念、9月6日に引退会見を行った。

「思うように回復が進まず、手足の痛み、しびれが取れません。よくなるには1年かそれ以上かかると医師に言われ、来年度の騎手免許の更新を行わず、今後は調教師試験の準備に入り、第二の人生に進みたいと思います」

その2日前、武豊がスキーパラダイスで仏ムーランドロンシャン賞を勝ち、日本人騎手初の海外GI制覇をなし遂げていた。時差を考えると柴田の引退決断とほぼ同時で、世代交代を象徴する重なりとなった。

柴田政人は1948(昭和23)年8月19日、青森県上北郡上北町で生まれた。叔父の不二男も、2歳上の兄・政見も騎手だった。

16歳になる1964（昭和39）年、世田谷の馬事公苑に入苑。岡部や福永洋一、伊藤正徳らと同期の「花の15期生」の一員となった。

1967（昭和42）年に騎手としてデビューし、3年目の昭和44年、翌年のクラシックを狙える逸材、アローエクスプレスに出会う。9月の新馬戦から翌年にかけて、自身初の重賞勝ちとなる京成杯まで6連勝を遂げた。うち2戦、京成杯3歳ステークスと朝日杯3歳ステークス（ともに旧馬齢表記）は、加賀武見が騎乗した。柴田より11歳上の加賀は、1962（昭和37）年から66年、68、69年に全国リーディングジョッキーのタイトルを獲得した当時のトップジョッキーであった。

京成杯の次走、スプリングステークスで柴田が騎乗し2着に敗れると、皐月賞では加賀に乗り替わることが決まった。師匠の高松三太が、弟子に与えた試練であった。

加賀を背にしたアローエクスプレスは頭差の2着に惜敗した。乗る立場から見る立場になった柴田の心境は複雑だったはずだが、後年訊いてみると、自分のお手馬だったアローを普通に応援していたという。

それから8年経った1978（昭和53）年、柴田はファンタストで皐月賞を勝ち、22回目の挑戦にしてクラシック初制覇を果たした。

その後も、天皇賞馬プリテイキャスト、二冠馬ミホシンザン、切れ者フレッシュボイス、春秋のグランプリを制したイナリワン、芦毛の個性派ホワイトストーン、そして前出のウイニングチケットといった名馬の背で鞭をふるいつづけた。1988年には全国リーディングジョッキーの座についている。

通算の勝ち鞍は、引退発表当時、岡部幸雄の2943勝（2005年の数字）、増沢末夫の2016勝に次ぐ歴代3位の1767勝。うち重賞は89勝。GI級は13勝。

勝負服を着ているときは近寄りがたいオーラを発し、気迫で馬を動かした。そんな柴田に関して、次のような逸話を耳にした。中山でのレース中、内埒に右足をぶつけて小指を落としながらも、そのままゴールしたことについて、ほかの騎手が話していたことだ。

「柴田さんが検量室で右足の長靴を脱ぎ、体重計の上で逆さにして『これもちゃんと計ったか』と言ったら、その長靴から小指がポロリと落ちてきた」

「競馬のあと体重計に乗り、小指のない右足を見せて、『指のぶん、何グラムか足りないけど、いいよな』と笑った」

どちらかひとつ、あるいは両方とも嘘かもしれない。何度か本人に確かめるチャンスもあったのだが、いまだ訊けずにいる。こういう話は、そのまま「豪傑伝説」として残しておくべきなのか。

ときに事件を巻き起こす
ドラマチック・ジョッキー

# 田原成貴

［たばら・せいき］

光と闇が極端な競馬人生を歩んだ
「競馬界の玉三郎」

Tabara Seiki

| | |
|---|---|
| 生年～没年 | 1959～ |
| 出身地 | 鹿児島県 |
| デビュー年～引退年 | 1978～1998 |
| 現役年数 | 21年 |
| 所属 | 関西 |
| 所属厩舎 | 谷八郎➡フリー |
| JRA通算勝利数（重賞勝利数） | JRA1112勝（重賞65勝） |
| 地方・海外通算勝利数 | — |
| 特記事項 | リーディングジョッキー2回、有馬記念3勝 |

1993年、有馬記念を制覇したトウカイテイオーと田原成貴（Keiba Book）

1996（平成8）年の春、栗東トレーニングセンターでのことだった。調教スタンドの前庭にいた私に、田原成貴が後ろから声をかけてきた。

「あんなレースを『競馬史に残る名勝負だ』なんて書いたら恥をかくよ」

その前週の阪神大賞典で、彼のマヤノトップガンと武豊のナリタブライアンは、3コーナーから馬体を併せ、後続を置き去りにして壮絶なマッチレースを演じていた。

「おれの馬は直球を投げた。カーブもフォークもあるのに使わなかった。それをブライアンに打たれただけだよ」

そこまで話したとき、私たちの斜め後ろに、怪我から復帰し、ナリタブライアンの次走に騎乗する南井克巳が現れ、関係者と談笑を始めた。田原が聞こえよがしに言った。

「南井さん、かわいそうになあ。おれの馬に天皇賞でやられるために復帰してくるなんてさ」

南井と私たちとの距離は2メートルもなかった。絶対に聞こえていたはずだが、南井は、何事もなかったような顔で階段を上り、スタンドに戻って行った。

その日も田原は、いつものようにヘルメットを浅くかぶり、黒いジーンズをはいていた。

「見てみい。田原成貴がジーパンで攻め馬やっとるか？」

田原より10歳ほど若い騎手が、デビューまもないころジーンズで調教に出たら、調教師にそう怒られ、乗馬ズボンに穿き替えたという。その後、田原がジーンズで調教に出るようになり、ほかの騎手たちも堂々とジーンズで攻め馬に乗れるようになった。

「見てみい」と騎手をたしなめた調教師の言葉には、「あれほどキャリアがあって天下を獲った田原でさえ」という意味ももちろんあっただろうが、同時に、「あれだけ普段は派手で、ハチャメチャな田原でさえ」という含みもあったにちがいない。

「競馬場の玉三郎」「天才」と言われた田原成貴の騎手人生は、美しい華にいろどられ、多くの人々を感動に震わせた。長身を綺麗に畳んだ騎乗フォームは美しく、長い手足を生かした追い方は豪快だった。その一方で、つねに「事件」の渦中にあり、そこに黒い影を感じて敬遠したり、「傲慢だ」と罵声を浴びせたりする者もまた多かった。

通算1112勝。うちGI勝ちは15。ここまで多くの敵をつくりながら、これほどの戦績を残した騎手は、日本の競馬史上、ほかにいないし、これからも現れることはないだろう。

田原成貴は、まさに「不世出」の騎手であった。

1959（昭和34）年、島根の山村に生まれた田原は、中学3年のとき、「怪物」と言われたハイセイコーを嶋田功のタケホープが負かしたダービーをテレビで観て心を動かされた。

――わしも騎手になる！

そう決意し、翌年、馬事公苑の長期騎手課程第25期生として馬乗りの修業を始めた。

1978（昭和53）年春、騎手としてデビュー。初陣を勝利で飾り、その年28勝を挙げ、新人賞を獲得する。翌1979年、63勝をマークし、デビュー2年目にして関西リーディングジョッキーの座についた。その年の春の毎日杯で、先代の「天才」福永洋一が落馬事故で重傷を負ってターフを離れており、入れ代わるようにして若き天才が頭角を現したのである。

最初の事件は1982（昭和57）年、彼が23歳のときに起きた。「サルノキング事件」である。クラシック候補のサルノキングでスプリングステークスに臨んだ彼は、後方待機策から一気にまくりをかける手に出たが、レース中に同馬が骨折し、八百長の嫌疑をかけられた。

その翌1983年と84年、彼は2年連続で日本リーディングジョッキーとなり、20代半ばにして頂点に上り詰めた。しかし、1985（昭和60）年、肩の怪我で戦列を離れてしまう。復帰後の宝塚記念で騎乗したステートジャガー（4着）の尿から禁止薬物のカフェインが検出されて同馬は失格処分になり、「ステートジャガー事件」と言われる。

翌1986年、リーディングを狙えるペースで勝ちつづけるさなか、毎年かため勝ちしている中京競馬場で落馬し、腎臓を摘出する大怪我を負い、またしばらく戦線を離脱する。いい時期と悪い時期が交互に訪れ、それは騎手生活の最後までつづいた。

1987年、旧4歳牝馬のマックスビューティとのコンビで桜花賞とオークスを圧勝して復活するも、1990（平成2）年にはペガサスステークスで激しく転倒して落馬、右第2、第

3腰椎横突起などを骨折して、またも離脱を余儀なくされる。

その後しばらく低迷し、復調の兆しが見えてきた1992年秋、エリザベス女王杯に臨むサンエイサンキューの状態が下降気味だったので、知人にジョークで「これで勝ったら坊主にするよ」と言ったのがスポーツ紙で大きく取り上げられ、「サンエイサンキュー事件」となる。

この年、有馬記念で大本命となったトウカイテイオーに騎乗するも、11着に惨敗。

そして翌1993年、有馬記念で再度トウカイテイオーの手綱をとり、前年のこのレース以来の実戦だった同馬を勝利に導き、「奇蹟の復活劇」と言われる。

1994年に通算1000勝を達成し、1995年にはマヤノトップガンで菊花賞と有馬記念を勝ち、ゴール後、馬上で十字を切って投げキッスをするパフォーマンスで話題になった。

1996年にはGⅠを4勝し、1997年には先行する競馬で好成績をおさめていたマヤノトップガンで大胆な追い込み策を取り、天皇賞・春を優勝。そして翌1998年2月、兄弟子の田島良保の管理馬メガラでのレース（2着）を最後に引退した。

現役時代、「天才」と呼ばれるのはどんな気分か訊くと、こう答えた。

「嬉しくない、って言ったら嘘になるけど、何かくすぐったいし、『おれのことをわかっていないんじゃないかな』って思う。騎手・田原成貴に人より少しでも優れた部分があったとしたら、『馬が瞬発力を発揮するまでの過程をつくってやれたこと』じゃないかな。おれがでかいところを勝ったのって、『ねこだまし』とか『はっそうとび』みたいな奇策だったことが、けっこうあるじゃない。自分は一流騎手として正道を歩んでいる、と思ったことはないね」

馬乗りとして「上手い」とか「一流」と彼が評価するラインが現実の「騎手・田原成貴」より高いところにあり、それに届かないことがわかったから、引退を決意したのだろう。

トウカイテイオーで有馬記念を勝ったころから競馬場の外での活躍も目立つようになり、漫画の原作を始めたり、競馬雑誌に連載したエッセイをまとめた『競馬場の風来坊』がベストセラーになったり、お台場で行われたJRAフェスティバルで2000人の観客の前でライブを行ったり、CDを発売したりと、枠にとらわれない活動をつづけてきた。

田原が初めて原作した競馬漫画『ありゃ馬こりゃ馬』の連載がスタートしたのは1993（平成5）年夏のことだった。当時34歳。1999（平成11）年夏まで丸6年連載がつづいた同作品はコミックにして20近い巻数になり、累計が数十万どころか数百万という部数に達する成功であった。

成功の第一の要因は、やはり「田原成貴が原作していた」という事実であろう。連載期間が騎手としての第2のピークと重なり、読者は、岡部幸雄や武豊をモデルにした登場人物を田原がどう描くか、レース中に騎手が考えていることをどんなふうに表現するのか、といったことに注目した。また、田原がこだわった騎乗姿勢や鞭や手綱の持ち方などのディテールや、主人公の氷室翔をはじめとする登場人物を、土田世紀が見事な画で描いたことも大きい。田原は、氷室のモデルは自分ではないと話しているが、それは成績などのプロフィールに関することであって、馬や競馬や騎手稼業についての考え方は、ほぼ田原のそれと言っていい。読者は、表情豊かな氷室翔の日常のなかに、田原の手による私小説を読んでいたとも言える。

彼が競馬雑誌で連載エッセイを書くようになったのは、原作漫画が世に出るようになったほぼ半年後、1994年初めのことだった。それをまとめた『競馬場の風来坊』の第1章はいわばプロローグで、単行本にするとき書いたものだ。目上の人に対して失礼を承知で言うと、初めて書いたエッセイ「若手騎手をカタにはめようとするのは百害あって一利なし」より格段に文章が上手くなっていて驚いた。田原は、自身の文章や発言を、編集者に形だけ整えられたりすると、「下手だと思われたとしても、恥をかくのはおれなんだから、そのままでいいんだ！」と烈火のごとく怒った。「書き切った自分」を隠されたことが許せなかったのだろう。

2001年10月、田原は銃刀法違反と覚醒剤取締法違反で逮捕された。翌11月中旬、私は、彼のマネージャーと、ある出版社の経営者とともに都内のホテルのラウンジで田原に会った。田原は保釈中の身だった。髪を短くし、サングラスをかけてスーツを着た彼は、トレーナーにジーンズだった羽田空港署での面会時とは別人に見えた。

「どんな理由があっても、覚醒剤を持っちゃいけない、と思った。常用はしていないんで、それだけは信じてほしい」

そう言った田原は、話の終わりに、ぽつりと漏らした。

「この1年間ずっと労使問題に忙殺されて、追い詰められていた。夜、眠れなくなって睡眠薬を飲んだこともあった」

彼の口から「追い詰められていた」という言葉を聞いたのは初めてのことだった。

同年12月27日に行われた初公判でも、彼は自分を追い詰めた労使問題について詳しく話している。そのあたりの経緯は、「サンデー毎日」２００2年1月20日号や、「週刊文春」同年1月17日号の記事に詳しく書かれている。また、労使問題で田原と対立する存在とされた厩務員による反論が、同年1月25日づけの「東京スポーツ」に掲載された。

このように、たびたび大きく報じられた問題なので、ここでは要点をまとめるにとどめたい。

田原は、右手を怪我した厩務員に業務をつづけさせると充分な安全が確保できないので解雇する意思があると栗東トレセンの場長に申し出た。が、取り合ってもらえず、悩んだ。それで、放馬した場合に備えて２００1年夏、その厩務員の管理馬に発信機を装着したところ、ＪＲＡの裁定委員会によって過怠金50万円を科せられた。もうひとつ、１９９9年の田原厩舎開業当初に自転車で転倒したその厩務員の怪我は厩務員としての業務に関係のないもので、労災の不正受給の疑いがある、ということも明らかにしたかったようだ。

対する厩務員の言い分は、業務ができると栗東トレセン場長に認められたのだから田原厩舎に復帰したのだし、自分に支払われた労災は正当なものだ、ということだろう。

私の手元には、「症状等の照会に対する回報」として医師が大津労働基準監督署長にあてた書類のコピーがある。厩務員の右手の疾病に関するものだ。また、２０００年の秋、その厩務員が委員長をつとめる労働組合事務所前の車寄せで、私はほかの取材者とともに、彼が自転車で転倒したときの状況を、彼自身の口から聞いている。

それでも、どちらが正しいのか、私にはわからない。日が経つにつれ、本当によくわからなくなり、この問題は、さして大きなことではないような気がしてきたのだ。というのは、どんな事情があったにしても覚醒剤を所持していいという理由にはならないし、それに、

――この問題がなくても、いずれ成貴さんは競馬サークルを離れていたのではないか。

と考えるようになったからだ。

２００１年12月21日付で田原の調教師免許は取り消され、さらに競馬関与停止15年という処分がくだされた。しかし、言論の自由や職業選択の自由など、基本的人権の侵害になるところまで競馬会が制限を加えることはできない。

気がつけば、競馬関与停止期間をとうに過ぎている。

「競馬では、騎手がひとつミスをすると、元に戻すまでにふたつのよじれをつくることになるんだ」

田原はかつてそう話した。例えば、泥をかぶることを嫌う馬に乗り、最初のコーナーまでに外に出したいと思っていたのに出せなかったとする。馬ごみのなかに長くいるということでひとつ目の「よじれ」が生じ、その後、理想的な形に近づけるためどこかで無理に外に出してふたつ目の「よじれ」をつくってしまう。

「馬は、縮むから伸びるんだ。特殊なカメラで撮影するとわかるはずだけど、ゴムマリをぎゅっと強く握って離した瞬間、元の大きさより少しだけ大きくなるでしょう。それと同じこと」

そう言ったのは、同着にも見えた鼻差の競り合いをフラワーパークで制したスプリンターズステークスを振り返ったときのことだった。

逃げ、先行のレースで菊花賞、有馬記念、宝塚記念を勝っていたマヤノトップガンに後方一気の競馬をさせたのは、次のような理由があったからだ。

「ゲートを出てからしばらく背中を伸ばして走る癖があって、スピードが乗って理想的な収縮のリズムになるまで時間がかかる。その時間を馬に与えようとすると、どうしても後ろから行くレースになってしまう」

単純に「押してもダメなら引いてみろ」といった脚質転換だったわけではない。よじれを極力なくし、最後に瞬発力を発揮させるために馬を縮めるプロセスをつくってやり、さらに馬の個性や癖を考慮したレースをする。簡単なことではない。「おれは見せ物だからね」と衒いなく言う彼は、「馬の能力を最大限に引き出して勝つ」というシナリオの書き手であり、また主役級の登場人物であった。素敵な「見せ物」としての田原成貴を演じ切らなければならない。だからこそ、手綱の握り方やステッキをふるう角度などの「見た目」にもこだわった。

雑誌に掲載されたレース写真を見て、「なんでこんな写真を使ったんだ！」と激怒することもあった。「写真一枚くらい、どうでもいいだろう」といった姿勢を徹底的に嫌う。自分に関することでは手を抜いた演出をけっして許さず、その姿勢を貫いたがために、「逆ギレ」した相手との間に何度もトラブルが起きた。そのほとんどが、正面きっての衝突ではなく、相手が安全な場に非難してから逆ギレしたものであるため、外から見ると構図がわかりにくくなっている。

ときは調教師免許取消から3年と10カ月ほど遡り――。

1998（平成10）年2月22日、正午を少し回ったときのことだった。

田原成貴が、京都競馬場のウィナーズサークルの壇上に立った。その後ろのターフビジョンには、グレートタイタンに騎乗して勝った1980年（昭和55）年の京都記念、トウカイテイオーで勝った1993年の有馬記念、そしてフラワーパークで制した1996年のスプリンターズステークスのビデオが流れている。

これら3つのレースを選んだのは彼自身である。黄色の地に緑の縦縞の入った勝負服をまとった彼は、空を見上げるようにして、ゆっくりと話しはじめた。

「ファンのみなさん。今日は私の騎手引退にあたり、こうやって多数お集まりいただいてありがとうございます」

ウィナーズサークル周辺に集まった誰もが、この場で放映されるビデオのなかに、今彼が着ているのと同じ勝負服の馬――マックスビューティやマヤノトップガン――でGⅠを勝つシーンがあることを期待していた。ところが、最初に流れたのは20年近くも前の京都記念だった。田原にとってグレートタイタンは「本物の切れ味」を体験させてくれた初めての馬だった。彼は「多くの人に馴染み深いレース」より「自分らしさの出ているレース」を選んだのだ。

田原は、この引退式を、調教師生活を終えた師匠の谷八郎とともに迎えていた。

「20年間、ときには『田原のバカ野郎』と罵声を浴びたこともあります。また、私に向かって『神様』と手を合わされたことも、スタンドから……、ファンの方、そんなファンの方もおられました。毎日毎日のこれまでのレースのなかで、ファンのみなさんのいろんな声援やひと言ひと言が私のいい思い出であり、今日、騎手として引退を迎えるにあたり、これまでの騎手・田原成貴をつくっていただいたものと深く感謝します」

確かにせっかちではあるが短気ではない。周囲にどう見られようが構わないと思っているわけでもない。彼は以前、競馬雑誌に掲載するインタビュー原稿のゲラのチェックのさい、

「例えばマヤノトップガンは、いつもハミをカチャカチャやってるんですけど、パドックであれをやらなくなったら、ちょっと嫌ですね」

という自身のコメントの末尾を「嫌かもしれない」に訂正してきた。「嫌ですね」のままだと、不安材料がハミの件に限られるようなニュアンスになるのに対し、「嫌かもしれない」にすると、ハミの件が不安材料にならない可能性と、ほかの不安要因が存在する可能性を示唆することになり、騎手が気にかけるポイントはひとつだけとは限らない、と読者に伝えることができる。そうした部分まで大切にする彼は、傍目を気にしないどころか、むしろ、自分の考えを正確に伝えたいと思っている。その思いが他者との衝突をいとわないほど強いがためにトラブルとなり、結果として、誤解されたまま終わることが多いような気がする。

彼は、他者の理解や共感を拒絶しているわけではなく、ただちょっと不器用なだけなのだ。

騎手としての20年間で8649戦1112勝。デビュー2年目に関西リーディングジョッ

キーになった「競馬界の玉三郎」は、光と影のはっきりとした騎手人生を歩んだ。

こうして田原成貴の言葉を書き写していると、彼の声が生々しく蘇ってくる。

「最後になりましたが、本日、私の騎手引退にあたり、このような盛大な式を催していただいたJRA日本中央競馬会、調教師会、騎手クラブの関係者に、深く御礼申しあげます。本当にありがとうございました。じゃあ……、ファンのみなさん、じゃあ、また！」

頑固で、自分にも他人にも厳しく、けっして自分を曲げなかった。

騎手引退とほぼ同時に「田原成貴メモリアル」というムック本が出た。本が出来上がると、彼は寄稿者ひとりひとりに電話をして礼を言った。多くの後輩騎手や、かつての田原厩舎のスタッフが「成貴さん」と彼を慕っていたのは、そうした細やかな気配りとあたたかさゆえだ。

調教師時代、とくに2001年の夏以降は、疲れてげっそりしていることや、ストレスのせいかイライラしていることが多かったように思う。

しかし、競馬界を離れてから、また騎手時代の「成貴さん」に戻ったような気がする。

# 百年ぶりの天覧競馬制覇が生んだ名シーン

# 松永幹夫

［まつなが・みきお］

## 甘いマスクで女性ファンを引きつけた「ミッキー」

Matsunaga Mikio

| | |
|---|---|
| 生年～没年 | 1967～ |
| 出身地 | 熊本県 |
| デビュー年～引退年 | 1986～2006 |
| 現役年数 | 21年 |
| 所属 | 関西 |
| 所属厩舎 | 山本正司 |
| JRA通算勝利数（重賞勝利数） | JRA1400勝（重賞54勝） |
| 地方・海外通算勝利数 | 28勝 |
| 特記事項 | 1986年に40勝で関西放送記者クラブ賞受賞、牝馬四冠制覇 |

2005年、天皇賞・秋を制覇した天皇陛下に敬礼する松永幹夫とヘヴンリーロマンス（Keiba Book）

松永幹夫は騎手としてデビューした1986(昭和61)年、新人最多の40勝をマーク。「ミッキー」の愛称で親しまれ、甘いマスクで多くの女性ファンを競馬場に呼び寄せた。

1967(昭和42)年4月10日、熊本県西合志町に生まれた。子供のころ父に連れられ荒尾競馬場に行き、騎手への道を夢見るようになる。1983(昭和58)年、競馬学校騎手課程に第2期生として入学。同期には横山典弘、熊沢重文らがいて、ひとつ上の1期生には柴田善臣、須貝尚介、石橋守ら、ひとつ下の3期生には武豊、蛯名正義らがいる。

デビュー3年目の1988年、サザンビーナスで函館3歳ステークス(旧馬齢)を勝ち重賞初制覇。そして1991年の春、GI初制覇を果たす。舞台は第52回オークス。このレースには、ダイワメジャーとダイワスカーレットの母で「スカーレット一族」の中核をなすスカーレットブーケ、種牡馬としても成功したダービー馬タニノギムレットの母タニノクリスタルなど、のちの日本の競馬界に大きな影響を与える名牝たちも出走していた。

1番人気は、角田晃一が乗る桜花賞馬シスタートウショウ。松永が騎乗したイソノルーブルは4番人気だった。前走、1番人気に支持された桜花賞で、レース前に落鉄する不運もあって5着に敗れ、「裸足の女王」と呼ばれていた。

フルゲートの20頭がスタートした。大外20番枠から出たイソノルーブルが、内に進路を取りながらじわっとハナに立った。シスタートウショウは後方3番手。道中、逃げたイソノルーブルから、後方に控えたシスタートウショウまでは20馬身ほどの差があった。馬群が縦長だからハイペースなのかと思いきや、1000メートル通過が1分1秒7という、ゆったりとした流れだった。それまで松永は、逃げ馬を後ろから見て「遅いな」と苦々しく思ったことは何度もあったが、自分がハナを切っているときに「遅いな」と感じたのは、このときが初めてだったという。

4コーナーを回り、直線に差しかかった。松永が軽くハミを詰めたら、イソノルーブルがすっと伸びた。そのとき初めて勝利を意識した。シスタートウショウは3コーナー過ぎから差を詰め、イソノルーブルより7、8馬身遅れて直線に入った。ラスト200メートルで内のルーブルと外のシスターとの差は5馬身ほど、ラスト100メートル地点では3馬身ほどに詰まっていた。ルーブルも止まっていないのだが、シスターの勢いが凄まじい。1完歩ごとに差が縮まり、シスターがルーブルに並んだところがゴールだった。内のイソノルーブルか、外のシスタートウショウか。両馬の鞍上も、どちらが勝ったのかわからぬまま検量室に戻ってきた。

写真判定の結果が出た。

イソノルーブルが鼻差だけシスタートウショウの猛追をしのいでいた。

ほかの騎手を背にデビューから4連勝していたルーブルは、クラシックを勝つべく松永に乗り替わっていた。桜花賞で果たせなかった大役を、このオークスで果たすことができた。口取り撮影で左手を突き上げた松永は、こみ上げてくる涙を抑えることができなかった。

「騎手・松永幹夫」と聞いて、あなたがまず思い浮かべるのはどんなシーンだろうか。

先述した1991年のオークス、1996年の秋華賞（ファビラスラフィン）、1997年の桜花賞（キョウエイマーチ）、2000年のエリザベス女王杯（ファレノプシス）と、牝馬四冠完全制覇を果たしたことか。

それとも、2005（平成17）年10月30日の天皇賞・秋だろうか。

明治天皇が根岸競馬場にたびたび行幸して以来、ほぼ百年ぶりの天覧競馬となった記念すべき一戦に、松永は、師匠の山本正司が管理するヘヴンリーロマンスで臨んだ。ゆったりと流れ、厳しい上がり勝負となったそのレースを、ヘヴンリーロマンスは鮮やかに差し切った。

ゴール後、松永は馬上でヘルメットを取って胸に抱き、スタンド上階の両陛下に敬礼した。ヘヴンリーロマンスも、その意味がわかっているかのように耳をピンと立て、駐立姿勢を崩さなかった。競馬史に残る、美しい名シーンのひとつとして、人々の記憶に刻まれている。

私にとって忘れられないのは、翌年の引退レースだ。

松永が阪神競馬場で騎手としてのラストレースに臨んだ2006（平成18）年2月26日、私は中山競馬場にいた。第11レースの阪急杯を彼が乗るブルーショットガンが制した。次の最終、第12レースが引退レースだが、もし勝てば通算1400勝だということを、周囲のファンの声で知った。

そんな出来すぎに思われたエンディングが現実になった。

阪神ダート1800メートルの最終レースを勝ったのは、松永幹夫・フィールドルージュだった。このコンビが先頭でゴールしたとき、中山競馬場のスタンドから拍手がわき起こった。重賞勝ち、1400勝達成、そして引退式と、この日、彼は3回つづけてお立ち台に上がった。阪神競馬場の雨は特別レースが始まるころには上がっていたようだが、中山では夕刻になっても雨足が強いままだった。競馬場に残って彼の引退式を見守るファンのほとんどは雨宿りをしながらスタンド内のモニターに見入っていた。騎手仲間に胴上げされる彼の映像を見て、私はこのときのことをずっと忘れないだろうと思った。

私が騎手・松永幹夫と初めて話をしたのは1991年12月、香港でのことだった。その年のオークスをイソノルーブルで勝ち、GI初勝利を挙げていた彼が香港で参戦したのは、シャティン競馬場で行われた「ARC（エイジアン・レーシング・コンフェレンス）ジョッキーズ・インビテーションレース」という芝1600メートルのハンデ戦だった。抽選で決められた騎乗馬フェイスザオッズ（中国語名は緑菌良駒）を、彼は見事な手綱さばきで勝利に導いた。

これが彼にとって海外初勝利であった。

その私設応援団として、彼の師匠の山本正司、生産者の藤本直弘らと私も香港に行き、ノースヒルズ代表の前田幸治と合流した。松永は騎手時代、ヘヴンリーロマンスを含むチームノースヒルズの馬で150勝以上を挙げている。

翌1992年の夏、彼が贔屓にしていた札幌・狸小路のカレー店で、デビューまでの経緯や騎乗論などをじっくり聞かせてもらった。いくつも面白い話があったなかで、特に印象に残っているのが、競馬のスタートについての言葉だ。

「ゲートを出るとき、自分なりに気をつけていることはあります。けれども、それがどんなことかは、ここでお話しすることはできません」

きっぱりと言った彼を、私は羨ましく思った。「それを知った同業者にとってプラスになるから人前では言えない」という何かを、私も持てるようになりたいと思った。馬乗りにも物書きにも、唯一無二の正解があるわけではない。それでも、真理、と言うと大げさだが、最良のものに近づくための方法論を、みなそれぞれ持っている。

あれから四半世紀以上の月日が流れた今、ふと考えてみる。文章を書きながら意識していることのうち、人前では言いたくないことがあるだろうか、と。ひとつだけだが、私も持つことができるようになった。先達の「形」をまねているうちに、「実」が少しずつだがわかってきたことだ。しかし、今はそう思っていても、10年後、20年後にどう思っているかはわからない。

彼にスタートの話を聞かせてもらってからずいぶん年月が経っている。また、1996年春の落馬後、ほぼ半年におよんだ治療とリハビリの過程で、騎乗に対する考え方がかなり変わったようだ。そんな彼が、あのときは「言えない」と言ったスタートのコツについて、鞭を置いた今、どんなふうにとらえているのか。機会があればぜひ訊いてみたい。

存在自体が「競馬小史」
不世出の天才騎手

# 武 豊

［たけ・ゆたか］

JRA4000勝達成！昭和から令和まで超一流であり続ける

Take Yutaka

| | |
|---|---|
| 生年～没年 | 1969～ |
| 出身地 | 京都府 |
| デビュー年～引退年 | 1987～ |
| 現役年数 | 33年 |
| 所属 | 関西 |
| 所属厩舎 | 武田作十郎➡フリー |
| JRA通算勝利数（重賞勝利数） | JRA4129勝（重賞337勝） |
| 地方・海外通算勝利数 | 181勝 |
| 特記事項 | リーディングジョッキー18回、日本ダービー5勝 |

1988年、菊花賞を制覇したスーパークリークと武豊（Keiba Book）

生まれたばかりの息子の、左右対称に割れた綺麗なお尻を見て、母は思った。

――この子は将来、名騎手になる。

母の予感を現実のものとする、その赤ん坊が武豊だった。１９６９（昭和44）年3月15日。

武は、「ターフの魔術師」と呼ばれた名騎手・武邦彦の三男として京都で生まれた。

同年秋、栗東トレセンが完成し、翌１９７０年、一家は京都競馬場から栗東に引っ越した。

厩舎の端にある住居で育った武にとって、馬は「いつも当たり前に一緒にいる存在」だった。

特にこれといったきっかけがあったわけではなく、物心ついたときには、自分は騎手になるものと思い込んでいた。大きかったのは父の存在だ。騎手になれともなるなとも言われなかったが、つねにその背中を見ていた。夜、食卓についた父は、ビールを飲むだけで料理に箸をつけたことがなかった。１７２センチという長身のため、体重が増えないようにしていたのだ。父が調教に出ていた朝と、自分が学校にいた昼は顔を合わせなかったので、武は、父が食べ物を口に入れるのをほとんど見ずに育った。厳しい道であることはわかっていた。

小学校5年生のとき、栗東乗馬苑でスポーツ少年団の一員として本格的に乗馬を始めた。小学校の卒業文集に「将来の夢は騎手」と書いた彼が、騎手になりたいという気持ちを両親に直接伝えたのは、中学校3年生の夏、競馬学校に願書を出すときだった。

１９８４（昭和59）年の春、少しの衣類とラジカセ、そして佐野元春のアルバム『No

Damage（14のありふれたチャイム達）』を録音したカセットテープが入ったバッグひとつを手に家を出て、競馬学校の騎手課程第3期生として同校に入学した。その年、教官に連れられ初めて日本ダービーをライブで見た彼は、大観衆の熱狂に圧倒された。勝ったのは岡部幸雄のシンボリルドルフだった。

1987年3月1日、彼は武田作十郎厩舎の所属騎手としてデビューする。初勝利は翌週の3月7日、阪神芝2200メートルで行われた旧4歳未勝利戦。騎乗馬は牝馬のダイナビショップだった。そのときも彼は幸運に恵まれた。レース中に舞っていた雪が降りやまず、2つあとの第7レース以降が中止になった。放映するレースがなくなったテレビ局は「武豊初勝利」の映像を繰り返し流した。雪のおかげで初勝利を強く印象づけることができたわけだが、もし雪がもっと早く降り出していたら、初勝利を挙げたレースも中止になっていたかもしれない。気まぐれな「天」までも、味方につけてしまったのである。

しかし、キャリアをスタートさせるにあたって、そうしたこと以上に幸運だったのは、師匠に恵まれたことだ。師匠の武田は、乗り方や私生活などについて、細かな指導は一切しなかった。それでも、「誰からも好かれる騎手になりなさい」という言葉だけは、何度も繰り返した。そして「うちの豊をお願いします」と他厩舎の関係者に頭を下げ、愛弟子の騎乗馬を確保した。

それに対し、厩舎が隣で、よく管理馬に乗せてくれた浅見国一は、厳しく注意、指導をする調教師だった。優しい先生と怖い先生。対照的なふたりの伯楽に支えられ、育てられた。もうひとり武豊に大きな影響を与えたのは、兄弟子の河内洋だった。お年玉をくれた「ひろし兄ちゃん」は、やがてテレビで見る憧れの対象になり、同業者になると手本、相談相手となった。

デビューした3月は4勝したが、4月は1勝もできなかった。5月は12勝と巻き返し、さらに勝ち鞍が増えてきたことを実感したのは、7月の小倉開催に参戦してからだった。小倉で乗った新人は彼だけだったので、減量騎手を探していた陣営に声をかけてもらう機会が多くなったのだ。周囲が少し騒がしくなったのは、9月12日、浅見厩舎のケイアアモールで42勝目を挙げ、小屋敷昭が持っていた関西新人最多勝記録を更新したときだった。

10月11日、オークス馬トウカイローマンで京都大賞典を勝ち、重賞初制覇。

そして11月14日、田中良平厩舎のリードトライデントで59勝目を挙げ、「不滅」と言われていた加賀武見の新人最多勝記録を27年ぶりに更新。さすがに大騒ぎになった。

トウカイローマンでジャパンカップに参戦したことも思い出に残っている。当時は外国馬より日本の出走馬のほうが少なく、出場する日本人騎手もわずかだった。その年に乗った日本人は、彼のほか、岡部幸雄と蛯沢誠治、大西直宏と地方の的場文男だけ。11着に終わったが、今以上に乗ることが難しかった時代に騎乗馬を得て、「世界」を肌で感じたことは大きかった。

デビューイヤーの最終日となった12月27日にも、騎手として貴重な財産を手にする。彼のもとには、同日の有馬記念で3着となるハシケンエルドの騎乗依頼も来ていた。グランプリ出場も魅力だったが、それ以上に、ここ3戦自分が乗り2、2、3着と惜敗がつづいていたショノリーガルでGⅢの阪神牝馬特別を勝ちたいという思いが強かった。乗り替わりになっても仕方がないレースばかりだったのに、起用しつづけてくれた関係者の期待に応えたかった。その阪神牝馬特別では、田島良保が乗るトップコートが先行し、逃げ込み態勢に入った。武のショノリーガルは直線で内から並びかけ、ラスト100メートルからゴールまでの激しい叩き合いを鼻差で制した。子供のころから活躍していたベテランと叩き合い、結果を出すことができたのだ。レース後、田島が自分の騎乗を褒めてくれたことも嬉しかったし、自信になった。

この日にマークした3勝のうち、ほかの2勝も意義深い勝利だった。ひとつは、第1レース、ダート1200メートルの旧3歳未勝利戦。これが、父の管理するバンブーメモリーの初勝利だった。もうひとつは、第7レースの旧4歳900万下。勝ったテルノパレードは、前走のゴールデンホイップトロフィーでキャッシュ・アスムッセンが乗って3着になっていた。自分にとってアイドル的存在だったアスムッセンでさえ勝たせられなかった馬を、同コース、同距離のレースで勝たせたことが誇らしかった。

阪神牝馬特別で挙げた、デビューイヤー最後の勝利が69勝目だった。新人最多勝記録を大幅に更新した彼は、この年に創設されたJRA賞の最多勝利新人騎手を受賞した。

デビュー2年目の1988(昭和63)年、武豊は自身を大きく飛躍させる名馬に出会う。スーパークリークである。3月のすみれ賞のパドックで、管理する伊藤修司に「脚を痛がっているので様子を見てほしい」と言われた。不安を抱えたままスタートしたのだが、勝負どころで軽く仕掛けると鋭く反応し、直線だけで前の馬をまとめてかわした。

武は、全身がゾクゾクするのを感じた。勝ち時計も平凡で、着差もわずかだったが、数字や見た目には表れない「凄み」があった。彼は初めてダービーを意識した。しかし、クリークは骨折のため春シーズンを休養にあてた。

戦列に復帰した秋、叩き3戦目となった菊花賞。8枠17番を引き、過去に外枠から菊花賞を勝った馬はいたかと考えた。浮かんできたのは、父・邦彦がインターグシケンで制した1978年の菊花賞のシーンだった。同馬は16番枠から出たが、最後は内から抜け出して勝った。

武は、10年前の父と同じように騎乗馬を内に誘導した。直線入口、以前乗った馬に前を塞がれたが、外に膨れる癖を知っていたので慌てなかった。思惑どおりにひらけた道を通り、2着を5馬身突き放した。レース史上最年少の19歳7カ月23日でのGⅠ初制覇。冷静で、頭脳的なプレーを絶賛された彼は「天才」と呼ばれるようになった。関西リーディングジョッキーとなった彼が得た進上金は1億円を超えた。あどけなさの残る天才少年の登場は衝撃的だった。

3年目の1989（平成元）年も華々しかった。シャダイカグラで臨んだ桜花賞。ゲートを出てすぐコーナーのある改修前の阪神芝1600メートルで行われていたこのレースで、同馬は不利な大外18番枠を引いた。武は、あえてゲートをゆっくり出る「意図的な出遅れ」によって内の馬を行かせ、コースロスなくインを進み、勝った。

春の古馬中・長距離戦線ではイナリワンとコンビを組み、天皇賞・春と宝塚記念を連勝。そのご褒美として、オーナーの保手浜忠弘がアメリカのアーリントン国際競馬場（当時の名称）で所有する馬に乗り、海外初騎乗を果たす。「世界のユタカ・タケ」の第一歩である。

秋、スーパークリークで宿敵オグリキャップを下し、天皇賞・秋を優勝。翌1990年の天皇賞・春も制して天皇賞3連勝をやってのけ、「平成の盾男」と呼ばれるようになった。

この1989年に133勝を挙げた彼は、初めてリーディングジョッキーのタイトルを獲得した。

4年目となった1990年の春、オグリキャップ陣営から安田記念とその後のアメリカ遠征の騎乗を依頼された。コンビ初戦となった安田記念は1分32秒4のコースレコードで快勝。夏のアメリカ遠征は故障のため実現せず、オグリにはまたほかの騎手が乗ることになった。

秋、スーパークリークが引退し、中・長距離戦線で核となる騎乗馬が不在となった武のもとに、年内で引退することが決まっていたオグリの陣営から、有馬記念の騎乗依頼が来た。

しかし、オグリは、秋初戦の天皇賞・秋で6着、ジャパンカップでは11着と不振に陥り、「燃え尽きた怪物」と言われていた。春に乗ったときとは別の馬のように覇気がなかった。

武は、あるテーマを持って、1週前と当該週の追い切りに臨んだ。それは、手前を替えさせることだった。オグリは右手前で走るのが好きで、右回りコースで直線に入っても、左鞭を入れないと手前を左にスイッチしない。内に刺さるので騎手はつい右鞭を入れてしまうのだが、そうすると手前を替えないのだ。1週前は左鞭を入れても右手前のまま走っていたが、本追い切りでは、左鞭を合図に手前を替えた。よかったころの癖を、まず「型」から取り戻させ、それが内面の熱さをも呼び戻す効果を期待したのである。

好位につけたオグリは、4コーナーで外から先頭に並びかけ、追いすがるライバルたちを振り切って優勝。武は、集まった17万7779名のファンの前で「強い馬は強いんです」とオグリを讃えた。このレースは「奇跡のラストラン伝説」として、今なお語り継がれている。

2年連続リーディングジョッキーとなった武は、スーパークリーク、イナリワン、オグリキャップの「平成三強」すべてに騎乗した唯一の騎手となった。

それら三強が引退し、王座が空位になった1991年、大きな重圧をともなう騎乗依頼があった。亡くなったオーナーの遺言である、祖父メジロアサマ、父メジロティターンにつづく史上初の天皇賞父仔3代制覇を、メジロマックイーンでなし遂げてほしい、というものだった。

武は、その期待に応えてマックイーンで天皇賞・春を優勝。7月21日には史上最速・最年少で通算500勝を達成。8月22日にはエルセニョールでセネカハンデキャップ(米サラトガ芝2600メートル、GⅢ)を勝ち、日本人騎手による史上初の海外重賞制覇をなし遂げた。

しかし、メジロマックイーンで参戦した天皇賞・秋では、6馬身差で1位入線しながら、斜行のため最下位に降着。騎乗停止が明けても年内は1勝もできず、デビュー以来最悪の42連敗を喫して1991年のシーズンを終えた。

翌1992年は年明け初戦を勝って幸先いいスタートを決め、岡部幸雄・トウカイテイオーとの「天下分け目の決戦」と言われた天皇賞・春をマックイーンで優勝。天皇賞・春4連覇という大記録をつくり、年間130勝を挙げ、リーディングジョッキーに返り咲いた。

デビュー7年目の1993年、武豊は、特にクラシック戦線で存在感を見せつけた。

まずはベガで制した第53回桜花賞。自身の「ベストレース」として振り返るようになる一戦だ。チューリップ賞を完勝したベガは、桜花賞の大本命と目されていた。しかし、武の感触は違っていた。道中はゆっくり走らせ、最後の瞬発力を引き出してこそよさの出る、オークス向きの馬だと感じていたのだ。桜花賞はベストの距離より短い。それに、別のトライアル、4歳牝馬特別(旧馬齢)を勝ったヤマヒサローレルという強敵がいる。武は、相手をヤマヒサ一頭に絞った。ベガは好スタートを切った。武は、内から進出してきた逃げ馬を先に行かせ、その直後に上がってきたヤマヒサの外に馬体を寄せた。そうして、ヤマヒサが取りたかったであろう「2番手の外」というポジションを、自分が先に取った。そのままヤマヒサをポケットに封じ込めたうえで、時計がかかる馬場状態を考慮してロングスパートをかけ、勝った。

組み立てた戦術どおりに騎乗馬を操作し、結果をもぎ取った。この「会心の一戦」につづくオークスを勝ったベガは、二冠牝馬となった。

一方、牡馬クラシック戦線での騎乗馬は、切れ味を武器とするナリタタイシンだった。岡部幸雄のビワハヤヒデ、柴田政人のウイニングチケットと三強を形成したが、三冠競走すべてで3番人気だったように、他の二強に次ぐ3番手と見られていた。が、皐月賞では、先に動いた二強を一気に抜き去り優勝。「してやったりの勝利でした」と不敵に笑った。その後、ダービーをウイニングチケット、菊花賞をビワハヤヒデが制し、三強が三冠を綺麗に勝ち分けた。

この年あたりから、武に「名手」という冠がつけられることが多くなった。「天才」というのは、なぜすごいのかわかりにくい人に冠せられることが多いのに対し、「名手」は、誰の目にも上手さが明らかな者にあてられる。ベガとナリタタイシンの背で、武は天才から名手になった。

古馬戦線では、骨折による長期休養から復帰したメジロマックイーンで天皇賞・春に臨むも

2着に惜敗。マックイーンによる同レース3連覇、武の5連覇という偉業はならなかった。マックイーンは次走の宝塚記念でGⅠ4勝目を挙げ、京都大賞典も優勝。通算獲得賞金は史上初めて10億円を突破した。天皇賞・秋を目指して調整されていたが、直前に故障。現役を退くことになった。翌1994年、武は、世界の大舞台で輝いた。社台ファーム代表の吉田照哉が所有し、イギリスで調教されていたホワイトマズルでキングジョージⅥ世&クイーンエリザベスステークスに参戦し、2着。9月4日、これも吉田が所有するスキーパラダイスでフランスのムーランドロンシャン賞を勝ち、日本人騎手初の海外GⅠ制覇をなし遂げた。秋にはホワイトマズルで凱旋門賞に初参戦し、6着。そのとき味わった悔しさが、のちにフランスに長期滞在する引き金になった。さらに、アメリカのブリーダーズカップにも初めて参戦した。

1995年も世界に出つづけた。5月にはスキーキャプテンで日本人騎手として初めてケンタッキーダービーに参戦。14着に終わったが、帰国後、ハートレイクで安田記念、ダンスパートナーでオークスと、2週つづけてGⅠを制覇。6月に、当時タレントだった旧姓佐野量子と結婚し、7月には史上最速・最年少（デビューから8年4カ月、26歳4カ月）で通算1000勝を達成。夏から秋にかけてはダンスパートナーとともにフランス遠征に出て、ジャパンCと有馬記念では前年の三冠馬ナリタブライアンに騎乗した。

1993年、94年、95年と、彼はリーディングを獲り、そして翌1996年、非常に悔しい思いをしながらも、またひとつ大きな「壁」を乗り越える。

悔しい思いをしたのは、エアグルーヴでオークスを勝った翌週、ダンスインザダークで臨んだ日本ダービーだった。8度目のダービー参戦にして初めて1番人気の馬に騎乗したのだが、ゴール前でフサイチコンコルドにかわされ、首差の2着に惜敗。デビュー前に故郷の牧場で跨ったときからダービーを意識した逸材だっただけに、悔しかった。ゲートから1コーナーまでやや行きたがったことが、最後の伸びに響いた。しかし、武は、敗因はそこではなく、前のレースの運び方にあったと考えた。東京芝2200メートルで行われたプリンシパルステークスを好位から抜け出して楽勝したのだが、道中もっとジックリ構え、距離が延びるダービーと同じペースで走らせていれば本番で掛かることはなかったのではないか、と。勝因や敗因というのは、そのレースのゲートからゴールまでの間だけにあるとは限らない。前走、いや、何走も前のレースから蓄積されたものにある——という考え方が、のちに大きな栄光を引き寄せる。

ダンスインザダークは、ダービーを勝ったらキングジョージに向かうプランもあったのだが、夢に終わった。その悔しさを、三冠目の菊花賞を勝ち、少しではあるが、晴らすことができた。

菊花賞を勝ったことでこの年の重賞勝ちが15となり、兄弟子の河内洋が持っていた年間重賞最多勝記録を更新。さらに、年間トータルの勝ち鞍は159勝に達し、岡部が保持し「壁」となっていた138という年間最多勝記録を大幅に塗り替えた。

のちに、その「壁」を越えられたのはなぜか訊ねると、驚くべき答えが返ってきた。

「あのころから馬の呼吸を意識して乗るようになったんです」

そこまで考えて乗っている騎手は、ほかのどの国にもいないだろう。

記録ラッシュだった1996年につづき、デビュー11年目となった1997年も、武は派手な活躍をつづける。3月2日、前日デビューした弟の幸四郎がマイラーズカップを優勝。初勝利が重賞制覇というのは史上初の快挙であった。3分後、武がランニングゲイルで弥生賞を勝ち、史上2組目の兄弟同日重賞制覇をやってのけ、大変な騒ぎになった。

武は、そのランニングゲイルで第64回日本ダービーに参戦するも、5着。

この年、シーキングザパールでNHKマイルカップ、マーベラスサンデーで宝塚記念、エアグルーヴで天皇賞・秋を勝つなど、ほかの大舞台での活躍が華々しかっただけに、いつしか、「武豊はダービーだけは勝てない」などと言われるようになっていた。武がその意味や重みを理解してダービーを見るようになったのは、加賀武見のクライムカイザーが勝った1976（昭和51）年、7歳のときからだった。父・邦彦のテンポイント（7着）を応援しながらテレビを見ていた。物心ついたときには、騎手以外の道は考えられなくなっており、「ダービーを勝ちたい」と思うようになっていた。彼にとって、「騎手になりたい」という思いはすなわち「ダービーを勝ちたい」という夢だったのだ。

ダービー初騎乗はデビュー2年目の1988年、騎乗馬はコスモアンバーだった。1番人気のサッカーボーイに乗る河内洋らと新幹線で東上し、東京駅で降りたら多くの記者とカメラマンが待ち構えていた。ダービーの特別さを思い知らされた。レースは内で包まれ、何もできないまま16着に終わった。遠い栄冠だったダービーが近づいてきたのを感じたのは、1993年、ナリタタイシンで3着になったときだった。1コーナーで10番手以内につけなければ勝てないという「ダービーポジション」にこだわらなくても、騎乗馬の持ち味を引き出せば勝負になることがわかった。1996年、8度目のダービーにして初めて1番人気の騎乗馬となったダンスインザダークでは、栄冠を手中にしかけたが2着。1997年は前述のように5着。

そんな彼の前に、強い現実味を持ってダービー制覇を意識させる馬――スペシャルウィークが現れた。1997年11月半ば、新馬戦前の追い切りのためスタンド前に曳かれてきたときが初対面だった。「ハンサムな馬だなあ」という第一印象だった。ゲートから1マイルの追い切りでの動きが抜群で、走りのバランスも素晴らしかった。104秒ほどの速いタイムが出たのに、すぐ息が戻り、ケロリとしている。翌春のダービーを意識した武は、阪神芝1600メートルの新馬戦や、その後のレースでも、東京芝2400メートルのダービーを勝った馬がダービーで刻んだものに近いラップで走らせた。そうして「ダービー仕様」の走りを覚えさせながら、結果を出して賞金を加算した。武流の「英才教育」を施しながら、ダービーに向けて理想的な路線を歩むことができたのは、馬に能力があったからだ。

皐月賞は荒れた馬場に持ち味を消されて3着。それでも、武のスペシャルウィークに対する信頼は揺るがなかった。「ミスとアクシデントさえなければ勝てる」と信じ、1998年6月7日、第65回日本ダービーを迎えた。

単勝2・0倍の1番人気に支持されたスペシャルウィークは遅れ気味のスタートを切った。道中は先頭から6、7馬身離れた10番手。武は「慌てなくても大丈夫だ」と自身に言い聞かせながらレースを進め、直線で前が壁になっても動じることはなかった。一瞬でも前があけば抜け出す瞬発力があることがわかっていたからだ。前方に馬1頭分の隙間ができた。スペシャルウィークが通り抜けると、そこはすぐに閉じた。運がよかっただけではない。瞬時に隙間をくぐり抜ける能力があったからこそ、そこから独走劇を演じることができたのだ。スペシャルウィークは溜め込んだエネルギーを爆発させ、2着を5馬身突き放してフィニッシュした。

デビュー12年目、29歳になっていた武にとって、10度目のダービーだった。過去9度の敗戦を糧にし、ついに「子供のころからの夢」を叶えた。ダービーでは毎年そうなのだが、検量室前に戻ると、他馬の関係者やマスコミ関係者が拍手で勝者を迎える。初めて味わう「ダービーの味」は格別だった。こんなにいいものなら、これから何度でも味わいたいと心底思った。

その2カ月後、武はシーキングザパールで仏GIモーリスドゲスト賞を勝ち、日本調教馬による史上初の海外GⅠ制覇をやってのけた。

嬉しいことがつづいた年だったが、残念な出来事もあった。天皇賞・秋のレース中、騎乗したサイレンススズカが故障を発生し予後不良となった。

翌1999年、武は、自身の手綱で1993年の牝馬二冠を制したベガの初仔のアドマイヤベガでダービーに臨んだ。サイレンススズカと同じ栗東・橋田満厩舎の馬だ。道中、先頭から20馬身ほど離れた後方に待機して極限まで脚を溜め、ゴール寸前、ライバルたちを差し切った。騎手によるダービー連覇は史上初のことだった。かつては、敗戦から学ぶしかなかったが、スペシャルウィークで勝ってからは、勝利からも学ぶことができるようになった。

「ダービーには勝ち方がある。コツのようなものをつかめた気がします」

その言葉が正しかったことを、のちに彼自身が証明する。


武は2000（平成12）年の初夏、騎乗ベースをアメリカ西海岸に移した。デビュー14年目の31歳。騎手として、最も脂の乗った時期を迎えようとしていた。

武が初めてアメリカ西海岸に遠征したのは、1993年の暮れから翌年の年明けにかけて。同地では当時、ロサンゼルス国際空港に近いハリウッドパーク（2013年に閉場）、そこから北東にクルマで40分ほどのサンタアニタパーク、海沿いのデルマーという3つの競馬場が開催を順繰りに回しており、「南カリフォルニアサーキット」と呼ばれていた。ラフィット・ピンカイJr.、クリス・マッキャロン、ゲイリー・スティーヴンス、エディー・デラフーセイ、ケント・デザーモといった一流騎手がひしめく、世界一の激戦区として知られていた。

西海岸への遠征を繰り返していた武は、2000年の年明け、現地のジョッキーエージェントから、自分と組んでアメリカに長期滞在して乗る気はないかと誘われた。それに応じて渡米したわけだが、週末は日本に帰国して騎乗することが多く、完全な「移籍」ではなかった。

この年、北米で123戦10勝2着12回3着15回。海外のそれ以外の国でも12戦2勝2着3回という成績を残した。一方、日本で552戦して130勝（ほかに地方で19戦4勝）を挙げ、9年連続11度目のリーディングジョッキーとなり、4年連続4度目の騎手大賞を獲得した。海外でのGⅠ勝ちはなかったが、国内ではエアシャカールで皐月賞と菊花賞の二冠を制覇。ダービーは、兄弟子の河内洋が乗るアグネスフライトの鼻差の2着という「準三冠」だった。

翌2001年1月、武は、ジョン・ハモンド厩舎の主戦騎手として、フランスに騎乗ベースを移すことを発表した。今度は、「10月半ばまで滞在する。日本ダービーのときは帰国する予定だが、さほど頻繁には日仏間を行き来できない」と出発前に明言していた。

3月中旬までは日本で騎乗。3月24日のドバイシーマクラシックをステイゴールドで優勝し、ドバイワールドカップはトゥザヴィクトリーで2着。ドバイから直接フランス入りし、競馬場と調教場に近いシャンティイの一軒家で長期滞在を始めた。4月にGⅢのグロット賞を勝ち、5月には桜花賞に相当する仏1000ギニーに参戦しながら、クロフネでNHKマイルカップを優勝。充実した日々を過ごしていたのだが、7月13日、ドーヴィルでのレース中に騎乗馬が故障して落馬し、左手首を骨折。リハビリは日本で行い、8月28日にフランスで復帰した。10月7日にはハモンド厩舎のインペリアルビューティでアベイドロンシャン賞を優勝。凱旋門賞ではアンドレ・ファーブル厩舎のサガシティで3着と、まずまずの結果をおさめた。

秋にはトゥザヴィクトリーでエリザベス女王杯、クロフネでジャパンカップダートを制覇。12月、ステイゴールドで香港ヴァーズを勝ち、同馬に初のGⅠタイトルをプレゼントした。これが武にとっての香港初勝利でもあった。

この年はフランスで35勝、イギリスで2勝、ドバイと香港で1勝ずつし、海外で計38勝。JRAでは65勝と、リーディング14位だった。連続リーディング記録は途切れたが、武ならではのスケールを内外に示したシーズンとなった。

翌2002年は、若駒ステークスまで3戦3勝のモノポライザー、シンザン記念とアーリントンカップを勝ったタニノギムレット、新馬・特別を連勝したノーリーズンなど、クラシック路線で楽しみなお手馬が揃った。ところが、2月24日の中山第3レースで騎乗馬が故障して転倒。骨盤を骨折し、全治3カ月から6カ月と診断された。船橋の病院で生まれて初めての入院生活を送り、3月8日に都内の病院に転院。同月15日、33回目の誕生日を病室で迎えた。驚異的な回復力を見せ3月末に退院。4月20日に京都で実戦に復帰した。翌21日には特別レース全勝を含む4勝をマーク。うちひとつはGⅢのアンタレスステークスだった。骨盤骨折から56日目での重賞制覇。全治3〜6カ月と診断されながら、2カ月も経たないうちに復活。「学会に発表モノだ」と医師たちを驚かせ、日仏間を往復して騎乗する日々をリスタートさせた。

そして、5月26日、第69回日本ダービー。その2日前にフランスから帰国したばかりだった武は、1番人気に支持されたタニノギムレットで後方に控え、直線、外から豪快に伸びて優勝。前人未到のダービー3勝という偉業を達成した。過去の2勝は新馬戦から騎乗し、東京芝2400メートル仕様の走りを仕込みながら本番を迎えた。それに対して今回は、別の騎手の手綱で未勝利戦を勝つシーンを見て惚れ込み、管理調教師にアプローチして鞍上に座ることになった馬で勝った。ダービーの勝ち方の幅がひろがった。

9月には、史上4人目のJRA通算2000勝を最速・最年少（33歳6カ月）で達成。ビリーヴでスプリンターズステークス、ファインモーションで秋華賞とエリザベス女王杯を制すなど、大舞台で強さを見せながらJRAで年間133勝を挙げ、12度目のリーディングを獲得した。そのほか、フランスで21勝、ドイツと香港で1勝ずつ。1994年につづき、自身が誇りとしていた「日英米仏4カ国でのGI騎乗」を果たした。

アメリカに1年、フランスに2年長期滞在した武は、デビュー17年目の2003年、日本に騎乗ベースを戻した。ゴールドアリュールでフェブラリーステークスを制し同年のGI初勝利を挙げると、自己最速の7月5日に100勝の大台に乗せるなど、勝ち鞍を重ねた。

イギリスやフランスに遠征しながら、秋にはアドマイヤグルーヴでエリザベス女王杯を勝ち、史上初の同一GI3連覇を達成。そして、開催最終週に「夢」とも「不可能」とも言われていた年間200勝を突破する。JRAでの勝ち鞍は204、地方競馬交流指定競走を加えると224。この年、彼は、JRAと地方で行われたすべてのGIに騎乗した。

翌2004年のシーズン序盤は、一頭の牝馬とのコンビが話題を呼んだ。高知競馬に所属し、100以上の連敗を重ねていた「最弱のアイドル」ハルウララである。

武がハルウララに騎乗した3月22日、高知競馬場を訪れた観客は午後2時過ぎには過去最高の1万3000人に達し、収容可能人数を超えた。入場できなかった観客は、2キロほど離れた県営陸上競技場の大型画面などで観戦することに。しかし、武の腕を持ってしてもハルウララを変身させることは叶わず、11頭中10着。デビュー以来106連敗目を喫した。

その一方、武はダンスインザムードで桜花賞を勝ち、17年連続GI勝利を達成。海外遠征をつづけながら、アドマイヤグルーヴでエリザベス女王杯を勝ち、同一GI4連覇を達成した。

そして、12月8日には「香港インターナショナルジョッキーズチャンピオンシップ」第1戦を勝ち、日本人騎手初の海外通算100勝を達成。1989年にアーリントン国際競馬場（当時の名称）で初勝利を挙げてから15年かけての到達であった。「日米英仏GI騎乗」を、1994、2002年につづいて達成するなど、たびたび海外遠征に出ながらJRAで211勝をマーク。前年つくった最多勝記録を更新（地方交流指定競走の勝ち鞍を加えると219勝）し、14度目のリーディングジョッキーの座と7度目の騎手三冠を獲得した。

この年、彼は、キャリアにおいて最も重要と言える「出会い」を果たす。相手は、12月19日の2歳新馬戦でデビューしたディープインパクトである。追い切りで初めて跨ったときから、「来年のクラシックはとんでもないことになるぞ」と確信に近い期待を抱いていた。

「スピードが乗ってからの気持ちよさ」と、武は新馬戦で感じたディープのよさを語った。彼の口をついて出た、初めての表現だった。このように、自身に初めての衝撃を与えつづけたディープについて話すとき、彼の口から「新語」が面白いように飛び出すようになった。

武の操るディープは、2005年の初戦となった若駒ステークスを5馬身差で快勝し、東上初戦となった弥生賞もノーステッキで勝利。三冠の皮切りとなる皐月賞では、スタート直後に躓いて4馬身ほど出遅れたが、直線だけで前をごぼう抜きにし、2着を2馬身半突き放した。

「走っているというより、飛んでいるような感じでした」とレース後コメントしたことがきっかけとなり、ディープの走りは「飛ぶ」と表現されるようになる。
5月29日の第72回日本ダービーでは、単勝1・1倍、単勝支持率73・4％というダービー記録の支持を得た。後方で折り合い、直線で大外から飛ぶように伸び、2着に5馬身差をつけて優勝。1992年ミホノブルボン以来13年ぶり、史上6頭目の「無敗の二冠馬」となった。武にとっては自身の最多勝記録を更新するダービー4勝目であった。翌週、「優駿」のインタビューに応じた彼は、岡部幸雄がシンボリルドルフに競馬を教えられたように、ディープとの出会いで何か変化はあったかという問いに対し、少しの間、ウーンと考えてからこう答えた。

ぼくはずっとこういう馬を探していた、という感じですね。

「馬」を、例えば「女性」に置き換えたら、これ以上の口説き文句はないと思えるほど、洒落た表現だ。後日、彼が探しつづけてきた「こういう馬」とはどういう馬なのか、あらためて訊くと「シンプルに、走るのが速い馬です」と答えた。オグリキャップもサイレンススズカも速かったが、どちらが上とか下とかではなく、ディープだけの「脚の速さ」があったのだという。
菊花賞では、序盤、折り合いを欠きながらも、レース史上最速のラスト3ハロン33秒3の末脚で優勝。シンボリルドルフ以来21年ぶり、史上2頭目の「無敗の三冠馬」となった。

体調が万全ではなかった有馬記念ではハーツクライを差し切れず、2着。初の敗戦を喫するも、武は212勝（地方交流指定競走を加えると223勝）を挙げて最多勝記録を更新し、15度目のリーディングジョッキーのタイトルと8度目の騎手三冠を獲得した。

2006年初戦の阪神大賞典を快勝したディープは、天皇賞・春を世界レコードで勝ち、宝塚記念も圧勝。凱旋門賞は3位入線後失格となるも、帰国初戦のジャパンカップを制して「復権」。ラストランとなった有馬記念は、今でも武がキャリアのベストレースとして挙げる、完璧な勝利だった。この年、武は200勝に届かぬ178勝に終わったが、それでもダントツのリーディング1位で、9度目の騎手三冠を獲得。ディープと過ごした大きな幸福感と、初めて感じる重圧と隣り合わせの2年間が終わった。前年まで200勝を突破できたのは、アメリカとフランスに騎乗ベースを移した3年間があったからだった、と振り返る。

ディープインパクトが引退した翌2007年、武は、スズカフェニックスで3月の高松宮記念を制し、自身の持つGI連続年優勝記録を「20」に伸ばした。さらに、アドマイヤムーンでドバイデューティフリーを優勝し、7月21日、小倉で、岡部幸雄のJRA歴代最多勝記録を更新する2944勝目をマーク。8月にはイギリスのアスコット競馬場で日本人騎手初勝利を挙げた。10月28日にはメイショウサムソンで天皇賞・秋を優勝。夏に発生した馬インフルエンザのため凱旋門賞参戦を断念した結果の栄冠だったのだが、2着を2馬身突き放す圧勝だった。

この年は勝率部門で2位となり、騎手大賞こそ逃したが、年間156勝を挙げ、17度目のリーディングジョッキーとなった。

「ディープインパクトのいない競馬に、ようやく慣れてきたかな」と話した翌2008年の春、新たに牝馬のダービー馬ウオッカとコンビを組むことになった。

コンビ初戦のドバイデューティフリーは4着、ヴィクトリアマイルは2着、安田記念はほかの騎手で優勝し、毎日王冠ではまた2着と惜敗がつづき、第138回天皇賞・秋を迎えた。

逃げるライバルのダイワスカーレットを見ながら中団の外目につけ、勝負どころから進出。直線で独特の大きなストライドを伸ばし、ダイワスカーレットに並びかけたところがゴールだった。外のウオッカか、内のスカーレットか、肉眼では判別できない小差だった。

「ゴールした瞬間レジェンドになった」と言われ、写真判定に13分を要した名勝負を制していたのは、ウオッカだった。着差はわずかに2センチだった。これが天皇賞・秋5勝目、春秋天皇賞は11勝目となり、「昭和の盾男」保田隆芳を抜いて単独トップとなった。

この年は143勝。18度目のリーディングジョッキーの座を獲得した。

40歳になった2009年は、前年11月の落馬による右手尺骨骨折の影響で、騎乗数を絞ってのスタートとなった。3月にはウオッカとともにドバイで2戦し、ジュベルハッタ5着、ドバイデューティフリー7着と敗れるも、帰国初戦のヴィクトリアマイルと、つづく安田記念を連勝。結局、GⅠ勝利はその2勝にとどまり、年間トータルでも内田博幸に6勝及ばぬ140勝。フランスに長期滞在した2001年以来8年ぶりにリーディングジョッキーの座を明け渡すこととなったが、最多獲得賞金部門でトップとなり、面目を保った。

2010年の牡馬クラシックのパートナーは、前年の未勝利、京都2歳ステークス、ラジオNIKKEI杯を自身の手綱で連勝したヴィクトワールピサだった。デビュー戦から、先行したり、抑えたりと様々な競馬を経験させてきたこの馬で、重馬場となった年明け初戦の弥生賞を快勝。春のクラシック、そして、秋の凱旋門賞への夢がふくらんだが、しかし、武は大きなアクシデントに見舞われてしまう。3月27日の毎日杯の直線で、騎乗したザタイキが左前脚を骨折して転倒。馬場に叩きつけられた武は意識を失い、左鎖骨遠位端骨折、腰椎横突起骨折、右前腕裂傷の重傷を負った。目が覚めたとき「そういえば、福永洋一さんが落馬したのも毎日杯だったな」と考えたという。落馬による鎖骨骨折はよくあることだが、今回は、鎖骨骨折というより、左肩の関節を破壊されてしまったような負傷だった。入院して患部をプレートで固定する手術を受けた。ジャケットを羽織るのにも人の手を借りなければならない状態だった。

これだけ回復に時間のかかる怪我は初めてだった。ちゃんと治るのかと不安になることもあったという。しかし、励みになる出来事もあった。騎乗を見送ったダービーのあと、ヴィクトワールピサのオーナーの市川義美から、正式に凱旋門賞の騎乗依頼を受けたのだ。

6月中旬、プレートを除去する手術を受け、7月22日、栗東トレセンで約4カ月ぶりに馬に乗った。そして、8月1日、小倉競馬第6レースの3歳未勝利戦で、127日ぶりに実戦に復帰。焦りはなく、自分がリーディングの何番手につけているかも知らずに乗りつづけていた。

楽しみにしていたヴィクトワールピサでのフランス遠征は、ニエル賞4着、凱旋門賞7着という結果に終わった。ジャパンカップではローズキングダムに騎乗し、直線でスパートをかけたところで前をブエナビスタにカットされ、2位で入線。審議の結果、ブエナビスタが降着となり、ローズキングダムは繰り上がりで1着となった。それにより、武の23年連続GI勝利が確定した。が、長期休養が響き、年間69勝でリーディング15位に終わった。

2011年も、1月23日に2週間の騎乗停止となるなど、シーズン序盤からリズムに乗り切れなかった。アスコットのシャーガーカップで勝利を挙げ、スマートファルコンで交流GIを3勝するなど存在感を示すも、JRA・GIは未勝利。連続GI勝利記録が途切れ、年間トータルでも64勝まで落ち込んでしまった。

デビュー26年目の2012年、武は、スマートファルコンで1月の川崎記念を圧勝し、3月のドバイワールドカップに参戦した。同馬はしかし、ゲートで脚を滑らせ、武器である大逃げを打てず10着に惨敗した。8月、イギリスでシャーガーカップに出場してから渡仏し、ドーヴィルなどで騎乗。10月にはトレイルブレイザーでアメリカ・サンタアニタパークのGⅡ、アロヨセコマイルに参戦して2着。そのトレイルブレイザーで11月3日、同じサンタアニタで行われたブリーダーズカップターフに臨み、4着となった。サンタアニタは、2000年、アメリカに長期滞在したさいホームグラウンドとなった競馬場だ。慣れ親しんだ土地で、見知った顔と再会し、感覚的なものも呼び覚まされたのだろう。もし勝ったら、勝利騎手インタビューで「またここに騎乗ベースを移したい」と答えるつもりだったという。レースが終わってすぐスーツに着替え、バッグひとつで次に騎乗する国へと向かうクリストフ・ルメールやライアン・ムーアと話し、かつて自分もそうしていたことが思い出された。と同時に、これからも自分はこういうところにいなければいけない、と強く思った。

2週後、彼はサダムパテックでマイルチャンピオンシップを優勝。2年ぶりにJRA・GⅠを制覇し、勝っていないJRA・GⅠは朝日杯フューチュリティステークスだけになった。

年間56勝と、デビュー以来最低の勝ち鞍に終わったが、ブリーダーズカップ参戦などによって、自らのリズムと「らしさ」を取り戻す、有意義な年となった。

また、この年の暮れ、一頭の駿馬との大きな出会いもあった。

キズナである。それまで主戦をつとめていた佐藤哲三が落馬負傷したため、新たな鞍上に武が指名された。しかし、コンビ初戦のラジオNIKKEI杯2歳ステークスは3着。コンビ2戦目、2013年の弥生賞では5着となり、皐月賞の優先出走権を得ることができなかった。

次走の毎日杯。武は、キズナのリズムを最優先し、後方から直線一気の競馬で2着を3馬身突き放した。「あの一戦で吹っ切れました」と武。3年前、キャリア最長のブランクにつながる落馬事故があったのも毎日杯だった。以来、毎日杯に対していいイメージを持てずにいたが、キズナがすべてを帳消しにしてくれた。つづく京都新聞杯では16頭という多頭数をこなし、またも完勝。大目標のダービーへ弾みをつけた。

節目の第80回日本ダービー。1枠1番を引いたキズナは前売りで1番人気に指示され、さらに当日は好天が予想された。いいイメージを持って、5月26日のダービー当日を迎えた。

レースプランは「前半は好きなように走らせ、直線で追う」というシンプルなものだった。

キズナは道中、後方3、4番手で折り合った。直線で前が開くと豪快に末脚を伸ばし、80代目のダービー馬となった。武は、同馬の父ディープインパクトでの戴冠以来となる、史上最多のダービー5勝目をマークした。14万人近いファンによる「ユタカコール」が響いた。

「ぼくは、帰ってきました！」

スタンド前で行われた勝利騎手インタビューで、彼はそう言った。用意していた言葉ではなかった。「お帰りー」というファンの声援が胸に刺さり、自然と口をついて出た言葉だった。

ダービーを勝ったら凱旋門賞に向かうという陣営のプランどおり、武とキズナはフランス遠征に出た。そして、前哨戦のニエル賞で、ムーアが乗る、同い年のイギリスダービー馬ルーラーオブザワールドを鼻差で競り落とし、遠征初戦を勝利で飾った。競馬発祥の地のダービー馬を、同世代の日本ダービー馬がヨーロッパで負かしたこの一戦は、日本の競馬界のひとつの到達点を示すものだったと、武もとらえている。

オルフェーヴルとの日本勢のワンツーも期待された10月6日の凱旋門賞は、直線では一瞬やったかと思わせたが、4着に終わった。翌月、トーセンラーでマイルチャンピオンシップを勝ち、前人未到のGI通算100勝を達成。この年は、前年からV字回復と言える97勝。ダービー後の本人の言葉どおり、「武豊」が帰ってきた。

2014年、トーセンスターダムできさらぎ賞を制し、デビューした87年からつづいている連続重賞勝利記録を岡部幸雄と並ぶ28年とした。10月にはJRA通算騎乗数を1万8648回とし、岡部が保持していた最多騎乗記録を更新した。

翌2015年、グァンチャーレでシンザン記念を勝ち、連続重賞勝利記録を29年に更新。10月にはアウォーディーでシリウスステークスを勝ち、史上初のJRA重賞300勝を達成するなど、どんどん未到の領域へと踏み込んで行った。

エプソムカップからエイシンヒカリの主戦となり、コンビ初戦を快勝。つづく毎日王冠も勝ったが、天皇賞・秋では9着に大敗。次走の香港カップでは、ゲートを出てすぐコーナーがあるシャティン芝2000メートルで、11番という外枠を引いてどう乗るか注目されたが、1コーナーを回りながらスムーズに内に切れ込む「神騎乗」で見事に逃げ切った。

また、この年は2009年以来の100勝超えとなる106勝をマークした。

デビュー30年目となった2016年は、クラシック、古馬戦線ともに、強力なパートナーとコンビを組んで存在感を見せつけた。日本の牡馬クラシック戦線での相棒は、自身の手綱で秋華賞を勝ったエアメサイアの仔であるエアスピネル。例年なら、三冠のどれかひとつを勝っても不思議ではない力の持ち主なのだが、この年の3歳牡馬は「空前のハイレベル」と言われる強豪が揃った。好位から絶妙なタイミングで抜け出しながら、マカヒキ、サトノダイヤモンド、ディーマジェスティの「三強」にかわされ4着となったダービーのあとは、「生まれた年が悪かった」と悔しさを押し殺して言った。

それに先立ち、3月にはラニでUAEダービーを日本馬として初制覇。同馬でアメリカ三冠に臨み、ケンタッキーダービーで9着、プリークネスステークスで5着となったあと、ベルモントステークスでは、一瞬「勝ったか」と思わせる内容で3着となった。アメリカ三冠すべてに参戦したのは日本の人馬にとって初めてのことだった。

古馬戦線では素晴らしい結果を出した。国内では、大阪杯で初コンビを組み2着となったキタサンブラックで天皇賞・春を制覇。最初の1000メートルを1分1秒8、そこから2000メートルまでを1分1秒7という芸術的なイーブンペースで逃げ、最後の直線、外から来たカレンミロティックに一度は前に出られながらも驚異的な二の脚で差し返し、勝利をおさめた。

武は、スマートファルコンでいくつもの交流GIを、そして前年エイシンヒカリで香港カップを逃げ切っていたが、JRA・GIを逃げ切ったのは、意外にもこれが初めてのことだった。天皇賞・春を勝ったのは2006年のディープインパクト以来10年ぶりで、自身が保持する最多勝記録を「7」に伸ばした。春秋合わせると12度目の盾制覇となった。

海外では、エイシンヒカリでド派手なパフォーマンスを披露した。5月24日、フランスのイスパーン賞を10馬身差で圧勝。ディープインパクトの仔でフランスのGIを勝つという大きな仕事をした。勝ってみて初めて「これもひとつの夢だった」と実感できる勝利だったのではないか。この圧勝劇により、エイシンヒカリは、ワールドサラブレッドランキングにおける単独首位の座を獲得。日本馬としてはジャスタウェイ以来の快挙だ。10月には金沢の白山大賞典を勝ち、地方全場重賞制覇を達成した（ばんえいや重賞開催のない競馬場を除く）。

足跡自体が記録そのものとも言える武は、その後も数々の記録をつくりつづけている。2017、18、19年も1月に重賞を勝ち、デビューした1987年からつづく連続重賞勝利記録を

33年に伸ばしている。2017年にはキタサンブラックで大阪杯、天皇賞・春と秋、有馬記念とGIを4勝。2018年9月にはJRA通算4000勝を達成。そして2019年にはインティでフェブラリーステークス、ワールドプレミアで菊花賞を優勝。史上初めて、昭和、平成、令和の3元号に跨がるGI制覇をなし遂げた。この菊花賞優勝は、自身にとって令和GI初制覇であったと同時に、50歳7カ月6日という、騎手による菊花賞最年長勝利でもあった。最年少勝利記録とダブルで達成するところが武ならではだ。

競馬場の外でも相変わらず注目度が高く、2016年から17年にかけて、東京、京都、新潟などで、自身の歩みを写真やトロフィーなどで振り返る「武豊展」が、1999年、2006年につづいて開催された。JRA主催の武豊展も2019年に催されている。

2016年秋にはスポーツ誌「ナンバー」で、「武豊四千勝のすべて。」と題し、一冊丸ごと彼の大特集が組まれた。これも初めてではなく、1989年秋に「しなやかな天才武豊――すべて」というタイトルで、同様に表紙も飾る大特集が組まれている。同誌でこのようにひとりだけにスポットを当てるのは、メジャーリーガーのイチロー、フィギュアスケートの羽生結弦などトップ中のトップで、絶大な人気を誇るアスリートだけだ。

国内外のビッグレースで結果を出しながら、「競馬界の顔」として競馬場の外でも脚光を浴びるという、「武豊にしかできない仕事」をこなしつづけた。武が、名馬たちとともに競馬のイメージを変えた。

２０１６年８月12日に、父・邦彦が世を去るという悲しい出来事もあったが、直後のばんえい競馬でのイベントにも予定を変更せず参加し、「武豊にしかできない仕事」をつづけている。

30年以上の長きにわたり、第一線で活躍し、しかもそのほとんどの期間トップでありつづけるなど、ほかのどのスポーツ界を見ても、いや、スポーツ以外の分野にも、そういるものではない。そんな希有な天才騎手・武豊と同じ時代を生きて、華麗な手綱さばきに酔いしれることのできる私たちは、間違いなく幸せである――。

世の中に競馬をアピールし続けた熱い情熱

# 後藤浩輝

［ごとう・ひろき］

夢半ばで世を去ったナイスガイ

Goto Hiroki

| | |
|---|---|
| 生年～没年 | 1974～2015 |
| 出身地 | 神奈川県 |
| デビュー年～引退年 | 1992～2015 |
| 現役年数 | 24年 |
| 所属 | 関東 |
| 所属厩舎 | 伊藤正徳➡フリー |
| JRA通算勝利数（重賞勝利数） | JRA1447勝（重賞53勝） |
| 地方・海外通算勝利数 | 63勝 |
| 特記事項 | 2011年オークスなどG15勝 |

2015年、後藤浩輝を偲んで行われたメモリアルセレモニー（Keiba Book）

今でも競馬場に行くと、つい彼の姿を探してしまう。体を小さく畳んだ、ブレのない騎乗フォーム。ヘルメットを固定する白い顎紐が目立ち、馬群のどこにいても、すぐにわかった。コース上に彼がいないという喪失感は、やはり大きい。

２０１５（平成27）年2月27日、金曜日、後藤浩輝が世を去った。40歳だった。

２０１２年のＮＨＫマイルカップで落馬し、頚椎骨折、脊髄損傷などの重傷を負ってから休養と復帰を繰り返し、２０１４年11月に3度目の復帰を果たしたばかりだった。亡くなる前週の土曜日にも中山競馬場で落馬して心配されたが、翌日曜日には京都競馬場で2勝を挙げていた。その後、栃木のリハビリ病院で、関節の可動域をひろげたり、体幹を強化したりするトレーニングをこなし、写真や動画をフェイスブックにアップするなど、いつもどおりの彼の姿が見られた。ところが、土日の騎乗馬がすべて決まり、これから調整ルームに入ってレースに備えるというときに、彼は自ら死を選んだ。

以下に、２０１５年2月27日午前11時41分にアップされた「スポーツ報知」公式サイトの記事の前半部分を引用する。

ＪＲＡのトップジョッキー、後藤浩輝騎手（40）＝美浦・フリー＝が27日未明、自宅で死亡した。27日の明け方、茨城県内の自宅で首を吊っているところを、家族が発見したという。

突然の衝撃だった。度重なる故障から何度も這い上がってきた同騎手。（略）悩みをほのめかすようなことは一切なかった。


自死というのは、私の知っている後藤浩輝がもっともやりそうにないことだっただけに、報せを受けたときは信じられなかった。今でも、あれは悪い夢で、「いやあ、びっくりさせてごめんなさい」と、彼が頭をかきながら目の前に現れてもおかしくないような気さえしている。

素晴らしい騎手だった。１９９２（平成４）年、美浦・伊藤正徳厩舎所属としてデビューし、ＪＲＡ通算１４４７勝、重賞53勝をマークした。２００２年にアドマイヤコジーンで安田記念を制し、ＪＲＡ・ＧⅠを初制覇。交流競走を含めＧⅠを８勝している。成績が示しているように、日本を代表する騎手のひとりだった。つねに競馬会全体のことを考え、どうすれば競馬の魅力をひろく伝えることができるか、そのために自分に何ができるかを模索していた。バラエティ番組に出たり、音楽ＣＤを出したり、雑誌にエッセイを連載したり、ファン参加型のイベントをプロデュースしたり、プロ野球の試合で馬に乗って始球式をしたり……と、明るいキャラクターと整ったルックス、高い知名度を生かし、競馬界のためになりそうなことは何でもした。

いい男だった。２０１４年の春、彼がファンだった、『盲導犬クイールの一生』などの著者である石黒謙吾と私と3人で食事をしたとき、正座した膝を崩そうとしなかった。冬場、競馬場の前に徹夜で並ぶファンに、サインを書いた簡易カイロをプレゼントしたこともあった。2011年3月の東日本大震災のあと、いち早く被災地入りし、原発事故のため福島競馬場の寮などで避難生活を送っていた飯館村の人々を慰問した。そして、翌年、福島競馬場で競馬が再開されたとき、招待された飯館村の人々をもてなすイベントに参加するなど、優しい男だった。

そしてまた、熱い男でもあった。同期の上村洋行が2008年のスプリンターズステークスでGI初制覇を果たしたとき、ジョッキールームで見ていた彼は検量室前に駆け下り、抱き合って涙を流した。2014年の春、落馬して都内の病院に入院していたとき、見舞いに訪れた私と、レースにおける人馬の安全確保について、理想的な騎乗フォームについて、若手騎手の育成方法について、競馬史を競馬学校のカリキュラムに加えることについて、新たなメディアを使って競馬の楽しさを発信する方法について……など、2時間以上も語り合った。首にコルセットを巻いた彼は、伸びた髪を輪ゴムでちょんまげのように縛り、無精髭が伸びた顔をくしゃくしゃにして笑った。まだ腕にしびれが残り、思うように動かせない時期だった。

「小さな娘の顔を見たとき、『これからも父さんは騎手として頑張るから、見ていてくれな』と言っていいものかどうか、悩んでしまいました。初めて騎手引退を真剣に考えました」

もともと自分のためだけに競馬をする男ではなかったが、愛する家族のために生きるという気持ちが強くなっていたようだ。ようやくリハビリができるようになったばかりの時期だった。「引退」を考えるのも無理もないことだった。

熱くなりすぎるところもあり、若いとき後輩騎手を木刀で殴る不祥事を起こしたこともあった。しかし、初めて取材した記者や編集者などは、みな彼のファンになる。一対一で気持ちをぶつけ合うことに関してものすごく真剣で、そうした姿勢が、真摯なやりとりにつながっていたからだろう。ファンからも、厩舎関係者からも、マスコミ関係者からも人気があった。知り合いであることを自慢したくなる魅力が、彼にはあった。

近くで見るとびっくりするほど胸板が厚く、腕の筋肉も格闘家のように発達していた。1996（平成8）年に単身、アメリカ・フロリダ州のカルダー競馬場に長期滞在して腕を上げ、帰国後、メキメキと頭角を現した。本場仕込みのかろやかなアメリカンスタイルで、ゲートを出てからのポジション取りが早い。道中は余計な動きをせず、馬への負担を極力小さくした。直線では一転してダイナミックなアクションで馬の前への推進力を補助し、特に大舞台で抜群の強さを見せた。

彼は、競馬と、そして、馬を心から愛していた。騎手を目指す前は犬の訓練士になりたいと思っていたほど、動物が好きだったのだ。雨が好きだったというショウワモダンのことを話しているときは、仲のいい友人のことを語っているかのように楽しそうだった。同馬は彼の手綱で2010年の安田記念を勝ち、引退後は馬事公苑で乗馬になった。

「ショウワモダンは雨が大好きで、雨降りだったら本当に強かったんですよ。だから、あの馬が馬事公苑の馬房で事故死したときも、雨が降っていたと聞いて納得しました。雨音を聞いて嬉しくなって、外を見ようとして厩栓棒の間に首が挟まったんでしょうね。あの馬らしいなと思いました」

前述した始球式のとき、彼はポニーに乗っていたのだが、マウンドの近くで落馬して球場を沸かせていた。それについて訊くと、「あのときは馬がエキサイトしていて、これは落ちるしか止める方法がないと思って、わざと落馬したんです」と言った。言外に「意味もなく落ちたわけじゃないですよ」という負けず嫌いなところが感じられて、彼らしいな、と思った。

2014年11月24日に東京競馬場で復帰後初勝利を挙げると、ウィナーズサークルで「510（ゴトウ）」と書かれた拡声器を手に「ただいま！」と叫ぶパフォーマンスを見せ、観客を喜ばせていた。その日、私が「おめでとうメール」を送ると、こんな返信が来た。

「豊さんやユーイチ、そして岩田くんがいる中で勝てて何だか嬉しかったです。少しホッとしましたが身体は気持ちいいくらいボロボロです（笑）でもまた来週頑張ります!!」

2015年4月5日、日曜日、中山競馬場で最終レース終了後に、彼の騎手引退に伴うメモリアルセレモニーが行われた。葬儀・告別式は密葬という形だったため、遺族と師匠の伊藤正徳が、ファンに送り出してもらう場を設けたのであった。伊藤はこう話していた。

「騎手として、これで引退したのだというけじめをきちんとつけさせてやりたい」

パドックの真ん中に、ショウワモダンで安田記念を制して右手を挙げる後藤浩輝の写真が置かれた。その後ろに、彼の名を記した横断幕が7枚下げられ、大型スクリーンに「後藤浩輝騎手メモリアルセレモニー」の文字が浮かんだ。朝から降りつづいていた雨が、いくらか小降りになった。冬のような寒さのなか、2000人ほどのファンがセレモニーに参列した。

参列者が1分ほど黙祷を捧げたあと、スクリーンに後藤の足跡を振り返る映像が流れた。

関係者と遺族を代表し、まず師匠の伊藤正徳が思い出を語った。

「私のところに来たときは坊主頭で、すごくかわいい子でした。うちの子供たちと一緒に公文をやったりと勉強の好きな子でしたね。『歌の上手い子しか弟子に取らない』と言っていたら、本当に歌の上手い子でした」

伊藤からも、ほかの参列者からも笑みがこぼれた。司会者に「思い出深い勝利は?」と問われると、こう答えた。

「ローエングリンの中山記念です。ただ、うちの馬ではあまり勝っていないんです。うちの馬に乗るとなぜか下手に乗って、負けてばかりいましたね」

たくさんのファンが、泣きながら笑っていた。伊藤はこうつづけた。

「彼は、私の子供です。こんなにいい子はいない。記録をいっぱい残している騎手はいますが、記憶に残る騎手だった。師匠冥利に尽きます」

おそらく伊藤は、後藤が存命の引退式だったとしても、同じことを言っただろう。

伊藤の顔を見ていると、その数時間前のやりとりが思い出された。

私はこの日、中山競馬場に着くと、まずセンタープラザを目指した。スタンドからそこにつながる通路に、ファンから贈られた、彼の写真などがたくさん並べられていた。センタープラザには大きな献花台があり、ＧＩを勝った直後の後藤のパネルが５枚、こちらを向いていた。メッセージカードにメッセージを書き、記帳してから、脇に「関係者受付」があることに気がついた。こうして送りに来たことを、できるだけきちんと彼自身に伝えたい気持ちだったので、そこにも住所と名前を書き、関係を記す欄の「報道」と「友人」の両方にチェックを入れた。そのとき、ポンと背中を叩かれた。伊藤だった。

「今日は来てくれてありがとう」

「はい」と答えながら、今日のセレモニーはみんなで一緒に悲しむものではなく、賑やかなことが好きだった彼の思い出を共有するためのもので、だから「ありがとう」なのだと思った。

セレモニーの最後に、この日中山で騎乗していた20人ほどの騎手が出てきて、後藤のパネルを囲んで記念撮影し、そして、そのパネルを胴上げするようにして、仲間を送り出した。

パネルをどんなふうに胴上げすべきか騎手たちが戸惑っていると、場内から笑いが起きた。騎手たちにも笑顔があり、拍手で「お疲れさま」とねぎらっていた。

後藤は、死に方も生き方のうちだと考えたのかもしれない。が、それは彼でなければわからない……と、堂々巡りをするばかりだったのだが、不思議なもので、セレモニーに参列して形式上の区切りをつけたことで、納得するしないとは別に、「騎手・後藤浩輝のいない競馬」を受け入れることが、どうにかできそうな気がしてきた。

彼へのメッセージカードに何を書いたか正確には覚えていない。が、こう書いたことだけは覚えている。

君に会えてよかった。ありがとう。

23年の騎手人生のうち最後の3年ほどは、ずっと怪我との戦いだった。苦しかっただろう。「お疲れさま、ありがとう」と声をかけたい。そして、これまで「後藤浩輝騎手」と書いてきたが、「後藤浩輝元騎手」として彼との思い出を胸に仕舞い、日本にはこんなに熱くて、面白くて、素晴らしい騎手がいたということを、これからも書いていきたい。

60歳を越えてもなおファンを沸かせる
地方競馬の「レジェンド」

# 的場文男

［まとば・ふみお］

**地方競馬最多勝記録を樹立した、心優しい名手**

Matoba Fumio

| | |
|---|---|
| 生年〜没年 | 1956〜 |
| 出身地 | 福岡県 |
| デビュー年〜引退年 | 1973〜 |
| 現役年数 | 47年 |
| 所属 | 南関東 |
| 所属厩舎 | 庄子連兵・東京都騎手会 |
| JRA通算勝利数（重賞勝利数） | JRA4勝（重賞0勝） |
| 地方・海外通算勝利数 | 7267勝 |
| 特記事項 | 地方競馬リーディングジョッキー2回、大井競馬リーディングジョッキー21回 |

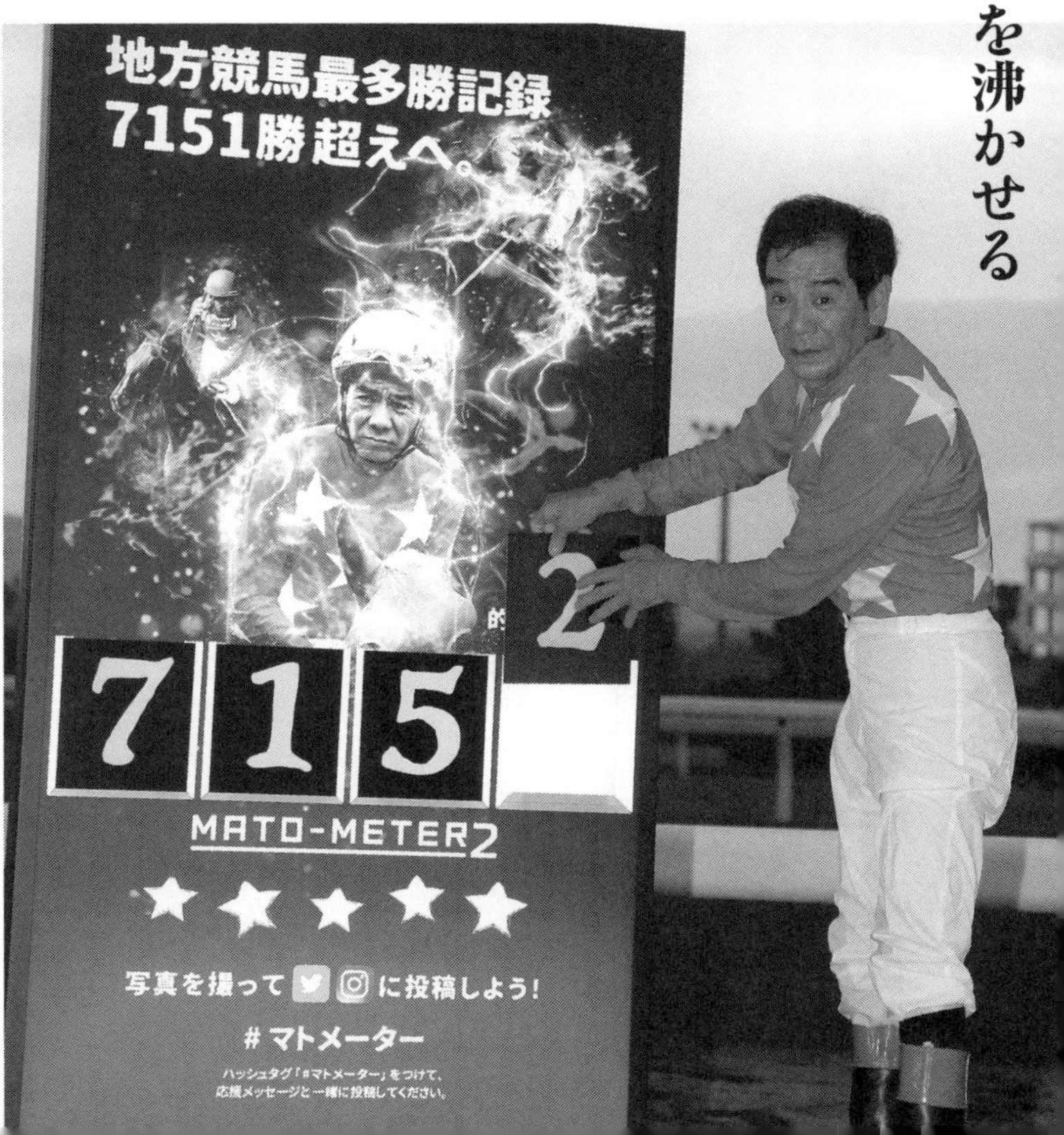


7152勝を達成した的場文男(Keiba Book)

存在そのものがレジェンドと言うにふさわしい名騎手・的場文男。

２０１８（平成30）年の夏、的場は、45年の騎手生活の集大成と言える大金字塔を打ち立て、競馬サークルの内外から注目を集めた。その瞬間が訪れたのは8月12日、大井競馬第５レースだった。１番人気のシルヴェーヌに騎乗した的場は、好スタートから逃げ切って優勝。地方競馬通算最多勝新記録となる７１５２勝目をマークした。「鉄人」佐々木竹見が保持していた記録を、61歳11カ月の「大井の帝王」が17年ぶりに塗り替えたのだ。

「あと２つぐらいになってからお待たせしてしまい、申し訳ありませんでした。（前の週に）佐賀まで来てくれた報道陣、今日ご来場になったファンのみなさまのご声援、また、調教師、オーナーをはじめ競馬関係者のみなさんのおかげで、こうして日本一の記録を獲れたことは、本当に感謝の気持ちで一杯です」

表彰式でそう話したときも、また、ウィニングランの馬上でも、的場は何度もスタンドのファンに頭を下げた。記録まであと２勝としたのは、8月1日の大井開催だった。2日、3日の大井では勝てず、5日には佐賀で2鞍乗るも未勝利。6日に浦和で王手をかけ、7日の浦和を経て、この12日に達成した。

「７１５０も勝っているのに、競馬でひとつ勝つことの難しさを思い知らされました」

今回同様、大台までの勝ち鞍をカウントする「マトメーター」が初めて設置された地方競馬通算7000勝のときも足踏みした。「自分が硬くなって負けた」と言うレースもあったように、的場は、プレッシャーを感じていることを隠さない。達成できなかった日のレース終了後の囲み取材では、「申し訳ありませんでした」と、話を聞いている側が恐縮してしまうほど深々と腰を折る。重圧に押しつぶされそうになり、平常心を保てないところまで追い詰められても、最後は目標地点に到達する。前人未到の快挙をやってのける人間はプレッシャーをものともしない鋼の心臓の持ち主というイメージがあるが、騎手・的場文男は、私たち凡人と同じように緊張したまま未到の領域に足を踏み入れる。その意味では「等身大のスーパーマン」とでも言うべきか。彼は「みなさんのおかげで達成できた」と何回、何十回と繰り返した。支えてくれる人がいる限り、どんな重圧でも最後には克服できると信じているようにも感じられる。よく「応援を力にする」という表現を目にするが、それを本当に体現している。

的場は1956（昭和31）年9月7日、福岡県大川市で生まれた。7人きょうだいの末っ子で、すぐ上の兄は佐賀競馬場の騎手になり、運送業で成功した父は競走馬を所有していた。

家に馬がいた時期もあり、小さいときから競馬場に出入りしていた彼は、自然と騎手に憧れた。そして、中学生のとき、父とともに上京。大井の調教師、小暮嘉久に見いだされて弟子入りする。17歳になった1973（昭和48）年秋にデビューし、1977年に重賞初制覇。1983年、129勝を挙げ、初めて大井のリーディングジョッキーに。27歳だった。若くして頂点に立った彼は、大井で21回（1983、1985〜2004年）、全国では2回（2002、03年）リーディングジョッキーになっている。若いころから特別な才能に恵まれていたわけではないと言うが、天性のスタート技術と、馬を動かす力強い騎乗で勝ち鞍を重ねてきた。

「ほかの騎手から乗り替わったら必死で勝った。逆に、おれから乗り替わった馬には勝たせなかった。そうしてがむしゃらにやっているうちにリーディングになっていたんです」

50年近い騎手生活で、日本の競馬史上最多の4万回以上レースに出てきた。年間300勝以上していた40代ほどではないが、還暦を迎えた2016年は130勝、2017年は131勝、2018年は114勝を挙げている。

「60代で毎年100勝している騎手は、世界的にもほかにいないでしょう。この年齢になったら普通は落ちぶれるんです。それは、騎乗を依頼してくる調教師のほうが年下になるから。調教師は『先生、ありがとうございます』と言われたいから若い騎手を使いたがる。それでもおれを起用してくれる調教師には、勝って応えようと頑張る。すると『的場は結果を出すから』と、また乗せてくれる。ありがたいね」

今でこそ南関東の全4場で毎日のように騎乗しているが、40歳近くまでは、大井以外ではほとんど乗らなかった。理由を訊くと「大井であれだけ勝てばお腹一杯。それでいいでしょう」と笑う。笑顔の裏には「おれは大井の的場文男だ」というプライドがある。

そうした姿勢や、馬上で前を見据える厳しい表情から、気難しい職人気質かと思いきや、素顔の彼は驚くほど優しい。4歳下の安藤勝己や、ひと回り以上若い武豊について三人称で話すときも「アンカツさん」「武豊さん」と敬称をつける。

プロのアスリートとしてのサービス精神もあるのだろうが、向き合って話しているうちにどんどん真剣になり、ときに驚かされることもある。私が初めてロングインタビューした2018年の7月上旬、取材中に的場は「ちょっと見てよ、ここ」と突然立ち上がった。そして、ズボンを降ろし、6月に落馬して20針縫った左ふくらはぎの傷を見せてくれた。

「後ろから来た馬の蹄にえぐられたんだ。骨が見えていたから肉を移植するのかと思ったら、医者は皮を引っ張ってそのまま縫っちゃった。驚いたねえ」

さらに、長年馬の体に押しつけているうちに硬く盛り上がったくるぶしにも触らせてくれた。

「人間がぬいぐるみを背負って走るとき、ガムテープで固定したほうが走りやすいでしょう。騎手のくるぶしは、そのガムテープの役割なんです」

馬上で踊るような追い方をしても、動いているのは膝から上だけ。くるぶしは固定したままなのだ。見た目は派手だが、馬に負担をかけない騎乗。的場ならではの名人芸である。彼のくるぶしに缶コーヒーを打ちつけて、缶が破裂したシーンがテレビで放映されたこともあった。

的場の肉体は明らかに常人のものではない。プレッシャーに震え、ときには大怪我をしてリズムを崩し、節目の手前で何度足踏みしても、人は「超人」になれるのだ。

モットーは「努力、根性、一生懸命」。５０００勝や６０００勝などの節目や、最多勝記録更新といった明確な目標があったから、高いモチベーションを維持できたのだという。

「自分が日本一になったら、次は何を目標にしたらいいのかな」

そう言って笑った彼は、ひと鞍乗るたびに最多騎乗記録を、ひと鞍勝つたびに最多勝記録を更新することになる。

「勝つときの喜びと充足感こそ騎手という職業の最高の魅力」と言う的場が、もっとも勝ちたいと思っているのは東京ダービーだ。しかし、落馬負傷のため騎乗できなかった２０１９年まで東京ダービーに37回挑戦して２着が10回もありながら、いまだ勝利はない。

「2着10回。それもいいことだよ」

本当にそれでいいと思っているのかどうかわからない口調で苦笑する。

これまでの37回の足踏みが達成の喜びに変わる日は、いつ訪れるのか。

そこにいるだけで勇気づけられるレジェンドを、これからも追いかけていきたい。

# 地方競馬から中央競馬への道を切り拓いたパイオニア

# 安藤勝己

［あんどう・かつみ］

43歳で中央移籍したユタカのライバル「アンカツ」

Ando Katsumi

| | |
|---|---|
| 生年〜没年 | 1960〜 |
| 出身地 | 愛知県 |
| デビュー年〜引退年 | 1976〜2013 |
| 現役年数 | 38年 |
| 所属 | 笠松➡関西 |
| 所属厩舎 | 吉田秋好➡田辺睦男➡フリー |
| JRA通算勝利数（重賞勝利数） | JRA1111勝（重賞81勝） |
| 地方・海外通算勝利数 | 3353勝 |
| 特記事項 | JRA年間最高勝率騎手2回 |

2004年、日本ダービーを制覇したキングカメハメハと安藤勝己（Keiba Book）

安藤勝己は地方競馬からＪＲＡに移籍した初めての騎手である。彼が切り拓いた道を通って、小牧太、岩田康誠、内田博幸、戸崎圭太らが中央入りし、騎手界の勢力図を大きく書き換えた。安藤は１９６０（昭和35）年3月、愛知県一宮市に生まれた。小学生のとき、父に連れられ初めて笠松競馬場を訪れた。１歳上の兄・光彰ものちに騎手になる。

安藤は１９７５（昭和50）年、栃木の地方競馬教養センターに入所。翌１９７６年10月20日に笠松でデビューし、初年度は9勝。翌１９７７年は78勝、３年目の１９７８年には１１６勝を挙げ、リーディングジョッキーのタイトルを獲得する。同年から18年連続でリーディングジョッキーの座についた。

その間、１９８７年の夏から翌１９８８年の1月まで、オグリキャップで笠松、中京、名古屋のレースに出場して7戦7勝。１９８７年に中央から笠松に移籍したフェートノーザンとのコンビでも活躍し、１９８９年の帝王賞、ブリーダーズゴールドカップなどを勝っている。

そんな安藤に大きな転機が訪れたのは、中央と地方の「開放元年」と呼ばれた１９９５（平成7）年のことだった。笠松に所属し、10戦10勝というとてつもない成績をおさめていたライデンリーダーで桜花賞トライアルの4歳牝馬特別（旧馬齢）に臨み、優勝。単勝１・7倍の圧倒的1番人気に支持された桜花賞では4着に敗れたが、大きな話題となり、「アンカツ」の名は一躍全国区になった。以降しばしば中央で騎乗するようになり、２００３年、２度目の挑戦でJRAの騎手試験に合格する。43歳になる年だった。

初年度から「さすが」という騎乗を見せ、ビリーヴで高松宮記念を勝ちGIを初制覇。さらにザッツザプレンティで菊花賞を勝つなど、この年だけで重賞を10勝する。中央入り2年目の2004年にはキングカメハメハでNHKマイルカップと日本ダービーの「変則二冠」を制し、ツルマルボーイで安田記念を優勝。その後も、ダイワメジャー、ダイワスカーレット、ブエナビスタなどの名馬を操り、大舞台で輝きつづけた。安藤がキングカメハメハで日本ダービーを勝ったのは、笠松に在籍していた2002年のサスガ（11番人気17着）、2003年のザッツザプレンティ（7番人気3着）につづく3度目の参戦であった。地方出身の騎手にとって、中央のGIはどれも同じように華やかで注目されるので、ダービーだからといって、特別な意識はなかったという。それは本当のようで、私が話を聞いたとき、ダービー初騎乗の馬は「藤沢（和雄）厩舎にいた馬」と言っただけで馬名が出てこなかったし、その前年、ビリーヴで高松宮記念を勝ったときのほうが嬉しく、興奮したと話していた。

その高松宮記念やダービーを含め、安藤は、レースに勝とうと思って騎乗したことは一度もないという。「夢を持って乗るとろくなことがない」と苦笑した。それでも当然、勝つと嬉しい。プレッシャーをモノともせず勝ちつづけた強さの秘密は、そうした気構えにあったのかもしれない。全身を大きく使って騎乗馬を追い、動かすフォームは実にダイナミックだった。地方競馬の騎手のレベルの高さを結果で知らしめた安藤は、2013年1月、鞭を置いた。

さて、ライデンリーダーが4着に敗れた桜花賞を勝ったのは、田原成貴が手綱をとったワンダーパヒュームだった。2着は武豊のダンスパートナー、3着は岡部幸雄のプライムステージ、5着は松永幹夫のユウキビバーチェと、人馬とも名実ともに超一流のメンバーが上位を占めた「名レース」だった。

大舞台で稀有の勝負強さを見せた名手・アンカツ。

JRA通算6593戦1111勝。重賞81勝、うちGIは22勝。この数字を見て私が最初に感じたのは、田原成貴の通算成績に似ている、ということだった。田原は1978年から1998年までの騎手生活で通算8649戦1112勝。GI（級）レースを15勝。田原のキャリア前半は今とはレース数もGIの数も違ったので単純な比較はできないが、大舞台での存在感や、近寄りがたい雰囲気など、ふたりの名手には通じるものがあったように思う。

近年は地方や海外からトップジョッキーが来て乗るようになっているので、デビューしたばかりの若手騎手にとっては厳しい環境になっている。その「厳しい環境」を（本人が意図せずとも）作り出した中心人物とも言えたのが安藤だった。内田博幸が中央入りした2008年にデビューし、武豊の新人騎手最多勝記録を更新する91勝を挙げた三浦皇成は、「安藤さんほどやわらかく乗れる人はいないと思います」と話していた。安藤の騎乗フォームは独特だった。

道中、後ろに重心をかけ、首を前後に揺らし、傍目には引っ掛かっているかにも見えるのに、騎乗馬は直線で鋭く伸びる。本当に掛かっていたら終いにあれほどの瞬発力を発揮することはできないはずだ。本人に確かめたことはないが、ほかの騎手に「アンカツさんは、自分の馬が掛かっているかのように、作戦として見せているのでは？」と訊いたら、「そうだと思います」という答えが返ってきた。晩年の岡部幸雄も、道中似た感じの乗り方をしていた。ハミを噛ませながら騎乗馬の余分な力を抜く、名手ならではの手法を自分のものにしていたのだろう。

２００９年春、その前年の天皇賞・秋で武のウオッカと安藤のダイワスカーレットが演じた鼻差の激戦を振り返る、スポーツ誌のノンフィクションの取材で安藤に話を聞いた。敗者サイドだった安藤が「失敗レース」と振り返ったレースについての取材だから、けっして面白くはなかったはずだが、１時間ほど丁寧に応じてくれた。

勝ったあとも、負けたあとも、淡々としたいつものペースを崩さなかった。勝って浮かれることもなければ、負けて落ち込むこともない。人気馬で敗れたＧⅠのあとも、少しかすれた特徴のある声で、記者のすべての質問に、勝ったあとと同じように静かに答えていた。そうしたブレのない安心感を、騎乗馬にも与えていたのだろう。

「アンカツさんがいる」ということで安心感を得ていたのは、私たちファンも同じだった。

一見して「あの騎手はあそこにいる」とわかる名手が、またひとり現役を退いた。

# 南関の花形ジョッキーは中央に移籍してもすごかった！

# 内田博幸

［うちだ・ひろゆき］

**世界でただひとりの「中央地方六冠ジョッキー」**

Uchida Hiroyuki

| | |
|---|---|
| 生年～没年 | 1970～ |
| 出身地 | 福岡県 |
| デビュー年～引退年 | 1989～ |
| 現役年数 | 31 |
| 所属 | 南関東➡関東 |
| 所属厩舎 | 松浦備➡赤間清松➡嶋田潤➡フリー |
| JRA通算勝利数（重賞勝利数） | JRA1227勝（重賞50勝） |
| 地方・海外通算勝利数 | 3153勝 |
| 特記事項 | JRAクラシック三冠・南関東三冠の両方を制覇 |

2012年、皐月賞を制覇したゴールドシップと内田博幸（Keiba Book）

オウケンブルースリやゴールドシップなど、気性難で知られた馬を涼しい顔で御し、ビッグタイトルを手中にした。端整なルックスと、ボディビルダーのように太い首と厚い胸板。常人離れしたフィジカルを感じさせる外観ながら、礼儀正しく、大先輩の的場文男の地方競馬最多勝記録更新イベントに忙中駆けつけるなど、恩義を大切にするナイスガイだ。

内田博幸は、1970（昭和45）年7月26日、福岡県の兼業農家に生まれた。父親が体操選手だったので自身も小学生のときから体操教室に通っていた。GⅠの表彰式で、軽くバック転をやってみせるのは、体操の経験があるからだ。

生家は競馬とは無縁だったが、6歳上の兄が佐賀競馬場の騎手になり、厩舎に遊びに行くなどしているうちに、自然と騎手への道を意識するようになる。大井の松浦備厩舎で1年修業してから、地方競馬教養センター騎手課程で2年間過ごし、1989（平成元）年4月にデビューする。

デビュー3年目の1991年12月30日、牝馬のドラールオウカンでロジータ記念を勝ち、重賞初制覇。「追い込みの魅力を教えてくれた」という同馬とのコンビで、翌年の東京記念を勝った。が、そのすぐあとに騎乗停止になり、同馬は次走の東京大賞典をほかの騎手（堀千亜樹）の手綱で勝ってしまう。すべてがとんとん拍子に進んだわけではなかった。

的場文男や石崎隆之などの一線級がひしめく南関東は激戦区だったが、船橋の川島正行厩舎の主戦となってから勝ち鞍を一気に伸ばした。

２００４年には３８５勝（ほかに中央で28勝）を挙げ、初の南関東リーディングジョッキーのタイトルを獲得。翌２００５年には４６５勝（ほかに中央で31勝）をマークし、２年連続リーディングジョッキーとなる。カッコ内に中央での勝ち鞍を書いているが、ＪＲＡの騎手で、これだけの勝ち鞍を挙げることのできない騎手も大勢いる。

２００６年には５２４勝を挙げ、佐々木竹見の保持していた年間５０５勝の最多勝記録を更新した。これには中央でマークした61勝も含まれているのだが、ＪＲＡの全国リーディングでも16位という成績だ。

２００７年、史上16人目となる地方競馬通算３０００勝を達成。この年、ピンクカメオでＮＨＫマイルカップを勝ち、ＪＲＡ・ＧⅠ初制覇を遂げている。

そして２００８（平成20）年3月、ＪＲＡに移籍した。このときまでの地方競馬通算成績は１万７６８０戦３１５３勝（その後、さらに増えている）。まだ37歳だったのだが、ここまでの時点でも、十分、競馬史に残る名騎手と言える実績を残した。

中央入りしてからも、大井時代と同等か、それ以上に素晴らしい成績をおさめている。

移籍初年度の２００８年４月にフローラステークスを勝ち、ＪＲＡ騎手として重賞初制覇。

同年の宝塚記念をエイシンデピュティで勝ち、ＪＲＡ騎手としてのＪＲＡ・ＧⅠ初制覇を達成する。さらにこの年、オウケンブルースリで菊花賞、スーニで全日本2歳優駿を勝っている。

移籍2年目の２００９年、１４６勝を挙げ、ＪＲＡ騎手として初のリーディングを獲得。6勝差で2位だった1歳（2学年）上の武豊を立て、「いや、本当のリーディングジョッキーがいますから」と謙虚に語っていた姿が印象的だった。

２０１０年にはエイシンフラッシュで日本ダービーを優勝。

２０１２年には、ゴールドシップとのコンビで皐月賞と菊花賞、有馬記念を制している。

父ステイゴールドも、調教助手時代に扱っていた池江泰寿が「肉をやれば食うんじゃないかと思ったほど凶暴だった」というが、気難しさではゴールドシップも負けていなかった。馬場入りのときなど、声でも指示を出していた内田は、喉が痛くなったと苦笑していた。

ゴールドシップは内田の手綱で翌２０１３年の宝塚記念も勝ったが、その年の有馬記念から、ほかの騎手が乗るようになった。

しばらく内田の手を離れていたのだが、ラストランとなった２０１５年の有馬記念では、内田が約2年ぶりに手綱をとった。最後方に待機し、向正面から一気に動いて場内を沸かせたが、8着に終わった。

レース後に行われた引退式には4万人ほどのファンが残り、大好きな「ゴルシ」との最後の時間を過ごした。内田はこう言った。

「引退式であの馬が急に鳴き出したのを覚えてます？　ファンに挨拶していたんじゃないですか。ぼくたち騎手がマイクで話し出したら、それぞれに応えたんです。言っていることをわかっているのかと驚き、言葉を返してくれたことに感動しました。人の心を打つレースをする馬でしたね。たまにポカもやるけど、最後に逆転する走りで多くの人を勇気づけた。この先、あれほど愛される馬には乗れないかもしれません」

自分の手を離れていたときも、ゴールドシップの動向にはずっと注目していたという。

優しく、真摯なホースマン・内田博幸は、２０１９年12月終了時、ＪＲＡで通算１２２７勝をマークしている。生涯ＪＲＡの騎手だったとしても超一流と言える成績である。

中央でクラシック三冠を制し、南関東でも羽田盃、東京ダービー、ジャパンダートダービーの三冠を勝っている、日本、いや世界にただひとりの「中央地方六冠ジョッキー」なのだ。

彼は、南関東とＪＲＡで、超一流ジョッキー２人ぶんの人生を歩んだと言える。

# JRA短期免許で有馬記念3連覇を果たした「黒船」の衝撃

# オリビエ・ペリエ

## 日本で上手くなった世界の名手

Olivier Peslier

| | |
|---|---|
| 生年～没年 | 1973～ |
| 出身地 | フランス |
| デビュー年～引退年 | 1989～ |
| 現役年数 | 31年 |
| 所属 | — |
| 所属厩舎 | — |
| JRA通算勝利数（重賞勝利数） | JRA379勝（重賞39勝） |
| 地方・海外通算勝利数 | — |
| 特記事項 | 有馬記念3連覇。フランスのリーディングジョッキー4回 |

2004年、有馬記念を制覇したゼンノロブロイとオリビエ・ペリエ（Keiba Book）

先述したように、横浜の根岸競馬場で行われた日本の近代競馬は居留外国人によって運営されていた。日本人騎手が活躍しはじめてからも、外国人騎手はレースに参加しつづけた。「オーナーズアップ」として騎乗したＥ・Ｈ・アンドリュースは１８８３（明治16）年に颯爽と現れ、１８８９（明治22）年の秋季競馬では、３日間のうちに27レースで10勝を挙げるほどの活躍を見せた。１９００年代初めまでチャンピオンジョッキーでありつづけたが、出身地や生没年はわかっていない。

少しあとのジョッキーとして知られているのは、１９０８（明治41）年春にオーストラリアから来日したハロルド・コッフィー（コッフェーと表記する資料も）だ。関西の鳴尾東浜競馬場で騎手としてデビューした。鳴尾に厩舎を構え、その年の秋から根岸競馬場などを舞台にモンキー乗りで躍進。１９２０（大正９）年から22年まで日本レース倶楽部の書記長をつとめたのち、騎手に復帰している。騎手業のかたわら興した事業に失敗し、１９２４（大正13）年に帰国した。実際は鐙がやや長めの「半モンキー」のような乗り方だったようだ。

コッフィーの来日から半世紀近く時代は飛び、太平洋戦争終了後にも、日本で騎手免許を取得した外国人騎手がいた。

そのひとり、ロバート・アイアノッティは１９３３（昭和８）年１月14日生まれのアメリカ人だ。進駐軍を除隊して、１９５５（昭和30）年３月１日付で日本中央競馬会の騎手免許を取得した。モンキー乗りを披露したと語り継がれている彼は、同年3月5日に東京で初騎乗初勝利をマークしている。が、勝ったのはそれだけ。通算22戦1勝で、その年のうちに帰国している。帰国後の消息はわからないが、健在なら２０２０（令和２）年で87歳になる。

ミカエル・ベネジア（マイク・ベネツィアと表記する資料も）は１９４５（昭和20）年5月5日生まれで、彼もアメリカ人だ。１９６４（昭和39）年に母国で騎手になり、１９７４（昭和49）年1月1日付で日本の騎手免許を取得。1月13日に東京で日本初勝利を挙げた。25戦2勝という成績を残し、その年の2月5日に帰国。１９８８（昭和63）年10月13日、ベルモント競馬場で騎乗馬が故障して落馬し、後続の馬に頭を蹴られて死亡した。43歳だった。

その後も、１９８１（昭和56）年に創設されたジャパンカップや、１９８７年からスタートしたワールドスーパージョッキーズシリーズなどの騎手招待レースに乗るため外国人騎手が来日し、１９９４（平成6）年からは最長3カ月の短期騎手免許が外国人騎手に交付されている。第1号はニュージーランドの女性騎手、リサ・クロップ。彼女は２００４～05年に母国で女性騎手として史上初のリーディングジョッキーとなり、翌年もその座につくなど活躍した。

もうひとり、若くして短期免許で来日し、世界的名手となった騎手がいる。

オリビエ・ペリエである。ペリエは１９７３年1月12日、フランスで生まれた。父は石工で、競馬関係者ではなかったが、故郷のマイエンヌは草競馬が盛んで、幼いころからポニーに騎乗し、自然と騎手を目指すようになった。13歳のときフランスの競馬学校に入学。その後、名門パトリック・ビアンコーヌ厩舎に入門し、1989年にデビュー。1991年には46勝を挙げ見習い騎手チャンピオンとなる。1993年にジャンプラ賞を勝ってGI初制覇を遂げた。

翌1994年3月、ヤングジョッキーズワールドチャンピオンシップに参戦するため初来日し、同年秋、JRAの短期騎手免許を取得して再来日。身元引受人が武邦彦だったこともあり、武豊がいろいろ世話をしていた。私も同年12月、フランスの競馬新聞「ウィークエンド」に依頼され、阪神競馬場でインタビューしたのだが、日本語はもちろん、英語も「プッシュ、プッシュ、ハード、タイアード」といった程度のカタコトで、よくこれで単身異国に渡ってきたものだと驚かされた。次に来日したときは、短期間のうちに英語がものすごく上手くなっており、別の意味で驚かされた。1度目の短期免許で来日していた1995年の京都金杯をワコーチカコで勝ち、JRA重賞初制覇を果たすと、2008年まで毎年重賞を勝ちつづけた。

もちろん日本でも好成績をおさめたのだが、21歳から日本で乗るようになったことにより、母国フランスでの成績もよくなった。つまり、日本で習得した技術がフランスでも生かされたということだ。それまで、「本場」欧米から一方的に吸収する側だった日本のホースマンに、ペリエは、自身が活躍することによって、大きな自信を与えてくれたと言える。

1996年にはエリシオでの凱旋門賞制覇を含む163勝を挙げ、初の仏リーディングジョッキーの座についた（その後、1997、1999、2000年も獲得して計4回）。1997年にはパントレセレブルで仏ダービー、凱旋門賞を制したほか、ザールでデューハーストステークス、サラマンドル賞を優勝。翌1998年にはハイライズで英ダービーを制し、さらにサガミックスで凱旋門賞を優勝。凱旋門賞3連覇という偉業をなし遂げた。

日本では、1999年から活動拠点を関東に移し、2000年、ウイングアローでフェブラリーステークスを勝ち、JRA・GI初制覇を果たす。それから2005年まで、6年連続JRA・GIを優勝する。そのなかには、ゼンノロブロイによる2004年の天皇賞・秋、ジャパンカップ、有馬記念制覇や、同時に達成された有馬記念3連覇などが含まれる。

その間、2002年にはアンドレ・ファーブル厩舎を離れ、ファッションブランド「シャネル」のオーナーとして知られるヴェルテメール兄弟と専属騎乗契約を結んだ。ゴルディコヴァで2008年から2010年までブリーダーズカップマイルを3連覇し、2012年の凱旋門賞では牝馬のソレミアに騎乗し、圧勝かと思われたオルフェーヴルをゴール前でかわして優勝。さらに、アンテロで2013年の仏ダービーを勝つなど、大舞台での強さを見せつづけている。

2018年もテッパルで仏1000ギニー、レコレトスでムーランドロンシャン賞を勝つなど、近年も腕に衰えはない。

# 退路を断って「日本の騎手」を選んだ2人の名手
# ルメール&デムーロ
## 日本の騎手界を世界水準に押し上げてほしい

Christophe Patrice Lemaire

| | |
|---|---|
| 生年〜没年 | 1979〜 |
| 出身地 | フランス |
| デビュー年〜引退年 | 1999〜 |
| 現役年数 | 21年 |
| 所属 | 栗東 |
| 所属厩舎 | なし |
| JRA通算勝利数(重賞勝利数) | JRA1121勝(重賞90勝) |
| 地方・海外通算勝利数 | 18勝 |
| 特記事項 | 2015年、JRA通年騎手免許を取得。リーディングジョッキー3回 |

Mirco Demuro

| | |
|---|---|
| 生年〜没年 | 1979〜 |
| 出身地 | イタリア |
| デビュー年〜引退年 | 1994〜 |
| 現役年数 | 26年 |
| 所属 | 栗東 |
| 所属厩舎 | なし |
| JRA通算勝利数(重賞勝利数) | JRA1019勝(重賞91勝) |
| 地方・海外通算勝利数 | 22勝 |
| 特記事項 | 2015年、JRA通年騎手免許を取得。2011年ドバイワールドカップをヴィクトワールピサで勝利 |

(右)2015年、日本ダービーを制覇したドゥラメンテとミルコ・デムーロ、(左)2018年ジャパンカップを制覇したアーモンドアイとクリストフ・ルメール(いずれもKeiba Book)

２０１９（令和元）年の第39回ジャパンカップはレース史上初めて外国馬の出走ゼロで行われた。そのかわり、外国人騎手のラインナップは超豪華で、ランフランコ・デットーリ、ライアン・ムーア、クリストフ・スミヨン、ウィリアム・ビュイック、オイシン・マーフィー、そして、ＪＲＡの騎手となっているクリストフ・ルメール、ミルコ・デムーロと、世界の一流どころが顔を揃えた。さらに、地方競馬出身の岩田康誠がいたので、出場した15人の騎手のうち過半数の8人が、ＪＲＡの競馬学校の卒業生ではなかったわけだ。

こうした傾向が顕著になったのは、２０１０年代に入ってからだ。２０１０年以降、外国人騎手が勝ったＪＲＡ・ＧＩを見ていくと、こうなる。

２０１０年　天皇賞・春（C・ウィリアムズ）、スプリンターズS（H・ライ）、天皇賞・秋（C・スミヨン）、エリザベス女王杯（R・ムーア）、朝日杯FS、有馬記念（M・デムーロ）

２０１１年　高松宮記念（U・リスポリ）、NHKマイルC、朝日杯FS（C・ウィリアムズ）、天皇賞・秋（N・ビンナ）、エリザベス女王杯（R・ムーア）

２０１２年　天皇賞・秋、朝日杯FS（M・デムーロ）

２０１３年　桜花賞（C・デムーロ）、皐月賞（M・デムーロ）、ジャパンC、朝日杯FS

（R・ムーア）、ジャパンCダート（C・ルメール）
2014年　高松宮記念（M・デムーロ）、ジャパンC（C・スミヨン）
2015年　高松宮記念（Z・パートン）、皐月賞、日本ダービー、チャンピオンズC、朝日杯FS（M・デムーロ）、マイルCS（R・ムーア）、阪神JF（C・ルメール）
2016年　フェブラリーS、桜花賞、スプリンターズS、エリザベス女王杯（M・デムーロ）、NHKマイルC、菊花賞、阪神JF、有馬記念（C・ルメール）、天皇賞・秋（R・ムーア）
2017年　フェブラリーS、宝塚記念、スプリンターズS、菊花賞、エリザベス女王杯、マイルCS、（M・デムーロ）、ヴィクトリアマイル、オークス、日本ダービー、秋華賞（C・ルメール）、ジャパンC（H・ボウマン）、チャンピオンズC（R・ムーア）、ホープフルS（C・デムーロ）
2018年　大阪杯、チャンピオンズC、朝日杯FS、ホープフルS（M・デムーロ）、桜花賞、オークス、安田記念、秋華賞、菊花賞、天皇賞・秋、ジャパンC（C・ルメール）、エリザベス女王杯（J・モレイラ）、マイルCS（W・ビュイック）、阪神JF（C・デムーロ）
2019年　桜花賞、皐月賞、天皇賞・春、スプリンターズS、天皇賞・秋（C・ルメール）、ＮＨＫマイルＣ、オークス（Ｍ・デムーロ）、ヴィクトリアマイル、宝塚記念、有馬記念（Ｄ・レーン）、エリザベス女王杯（Ｃ・スミヨン）、ジャパンＣ（Ｏ・マーフィー）、朝日杯ＦＳ（Ｒ・ムーア）

※２０１０年のライとムーア、２０１１年ムーア、２０１５年パートンは外国馬での勝利。ルメールは京都で行われた２０１８年ＪＢＣスプリントも勝っている。

ＪＲＡの平地ＧⅠは、２０１７年に24レースになり、現在に至る。それを外国人騎手が、２０１７年は13勝、２０１８年は14勝、２０１９年は13勝と、半数以上も勝っている。

野球やサッカーなどの助っ人外国人は、自国のリーグで今ひとつなので来日するというケースが少なくないが、短期免許で来日する騎手の場合は、欧米でもトップクラスの者たちが世界一の賞金を獲りにくるわけだから、特にＪＲＡ生え抜きの若手騎手は大変である。

ＪＲＡは、２０１４年度から外国人騎手も通年免許を取得できるようにした。そして、２０１５年、ミルコ・デムーロとクリストフ・ルメールがともに合格した。現行制度のもとで外国人騎手がＪＲＡの通年免許を取得するのは初めてのことだ。

デムーロは１９７９年１月生まれ。１９９４年に母国イタリアで騎手になり、１９９７年から2000年まで4年連続イタリアでリーディングジョッキーとなった。短期免許を取得しての初来日は1999（平成11）年、20歳のとき。2003年にはネオユニヴァースで皐月賞とダービーの二冠を制覇。2011年にはヴィクトワールピサでドバイワールドカップを制し、日本馬として同レース初優勝の快挙をなし遂げた。通年免許を取得する前、2015年2月まで、JRA通算でGⅠ10勝を含む354勝をマークしていた。

非常に「日本愛」の強い男だ。2011年のドバイワールドカップの追い切り後の会見で、欧米メディアに「日本で何年乗っているのか」と訊かれたら、間髪を容れず「13年」と答えた。指折り数えなくても、「第二の故郷」で乗った年数が頭から離れることはない。東日本大震災と原発事故の被災地である福島県相馬市を訪ねたり、2012年の天皇賞・秋をエイシンフラッシュで勝ったあと、スタンド前で下馬して天皇皇后両陛下に最敬礼したり、2019年のNHKマイルカップ後の共同会見で、記者から振られたわけではないのに「令和最初のGⅠを勝てて嬉しいです」と話したりと、日本人以上に「日本の心」を持っている。

それに加えて、母国イタリアの競馬は資金面の問題などからレベルが下がり、ダービーがGⅡに格下げされてしまうなど、きわめて厳しい状況にある。そうした事情があるだけに、日本で乗ることに関しては、もともと「腰掛け」だとか「出稼ぎ」という意識ではなかった。

弟のクリスチャン・デムーロも、若いときから日本で乗っている。弟のためにも、通年免許を取得して成功する道を確立したいという気持ちは強いだろう。

ルメールは1979年5月生まれ。1999年にフランスで騎手としてデビューし、2003年にパリ大賞を制すなど活躍した。短期免許を取得し、日本で騎乗するようになったのは、それに先立つ2002(平成14)年から。2005年の有馬記念ではハーツクライに騎乗してディープインパクトを下し、2009年にはウオッカでジャパンカップを勝つなど、通年免許を取得する前、2015年2月までJRA通算ではGI5勝を含む245勝を挙げていた。彼は、先述したパリ大賞のほか、仏ダービー、仏オークス、アスタルテ賞、ムーランドロンシャン賞、さらにイギリスの1000ギニー、2000ギニー、アメリカのブリーダーズカップジュヴェナイルフィリーズターフなど、欧米のGIをいくつも勝っている。紛れもない世界的名手であるが、母国フランスでのリーディング(勝ち鞍)では、当時、トップのクリストフ・スミヨンだけではなく、同じく短期免許で来日しているマキシム・ギュイヨンやイオリッツ・メンディザバルらにもまったく及ばないシーズンがつづいていた。しかし、日本の関係者やファンのイメージでは、ギュイヨンやメンディザバルよりルメールのほうがずっと格上だし、実際、日本での成績はいい。

彼にとって、日本は、どこよりも自分を輝かせてくれる舞台なのだ。フランスで築いてきたさまざまなものを投げ打って勝負をかけてきた。その覚悟が、これまで以上に凄みのある騎乗となって現れることは間違いないと思われ、実際、そのとおりになった。

デムーロは、シーズン途中の3月から参戦した2015年、ドゥラメンテによる皐月賞と日本ダービーの二冠制覇を含め、リーディング3位の118勝を挙げた。さらに賞金王（JRA賞最多賞金獲得騎手）になるなど、早速ブレイクした。

ルメールは、2017年に199勝を挙げ、外国人騎手として初めてJRAリーディングジョッキーのタイトルを獲得。アーモンドアイで牝馬三冠とジャパンカップを圧勝した2018年には、武豊に次ぐ、史上2人目の年間200勝突破となる215勝をマークしたと同時に、賞金、勝率部門でもトップの騎手大賞を獲得した。2019年もリーディングジョッキーとなり、3年連続その座についた。

本書の冒頭でも述べたように、昔から「馬7人3」と言われている。走るのは馬であるから、いい馬に乗ってこそ、いい結果を出すことができる。彼らが勝ちまくる一番の理由は、「いい馬に乗っていること」という、きわめて当たり前のことになるわけだが、では、彼らが質の高い騎乗依頼を呼び寄せるのはなぜか。それは、優れた騎乗技術に裏打ちされた好騎乗を繰り返しているからだ。

まずはデムーロ。彼の技術の高さがよくわかるビッグレースは、ヴィクトワールピサで制した2010年の有馬記念と、翌11年のドバイワールドカップだ。どちらのレースでも、道中、ややペースが落ちたところで一気に動いてポジションを上げた。先行馬との差を詰め、そこにおさまってラストスパートをかけるタイミングをはかり、見事に勝利した。

あのように道中で大きく動くと、馬にスイッチが入ってしまい、抑えが利かなくなって暴走に近い状態になる危険があるのだが、デムーロは、ほかの馬でも恐れずに動き、そこで騎乗馬の力を溜める。その影響だろう、最近は日本の騎手も、道中大きく動くことが多くなった。

次にルメール。2005年、ハーツクライでディープインパクトを破った有馬記念や、2009年、ウオッカで勝ったジャパンカップのように、溜める競馬で結果を出してきた馬で先行し、最後までスタミナをもたせてしまう技術がある。特にウオッカは、ゲートから出して行くと凄まじい勢いで掛かるので、やわらかく当たって折り合いをつけなければならない馬だった。が、ルメールは、出して行ったうえで、力づくにも見える抑え方で折り合いをつけた。

彼らに共通しているのは、勝利に近づくためならリスクを背負うことを恐れないことだ。デムーロもルメールも、先行馬を確実につかまえられる位置につけるためなら、ポジションを取りに行って掛かるリスクを喜んで背負う。短期免許のムーアやレーンは、最短コースを走るためなら、前が塞がるリスクを恐れない。それに加え、隣の騎手と鐙がぶつかるほど密集した自国の競馬で磨かれた操作能力、ペース判断の巧みさ、勝負どころからゴールまでずっと追いどおしでも腰の浮かないスタミナ……などを生かし、「さすが」という騎乗を見せている。さらに、武豊や横山典弘などがよく見せる、直線で馬を追いながら手綱を持ち直してハミを詰め、馬を反応させる「日本流」の技術も吸収し、結果を出しつづけている。

また、どの外国人騎手も、賞金の高い日本で稼ぎたい、という強い思いを持っている。特に、短期免許で来日した騎手は、限られた騎乗のなかで結果を出そうと必死になる。デムーロとルメールは、JRAに移籍したことで、退路を断った覚悟というか、凄みすら感じさせる。馬は感情豊かな生き物であるから、そうした鞍上の思いに気持ちを共振させて走る、という側面もあるだろう。

通年で乗るようになったデムーロとルメールは、「次」を見据えたうえで、「今」どう乗るのがベストかを考えて騎乗できるようになった。この変化は大きい。ともに40代前半。もっとも脂の乗った世界の名手がレギュラーとなったことにより、日本の騎手界は、確実にレベルアップした。その結果、競技としての競馬のクオリティも高まった。

ファンとしては歓迎である。が、日本人騎手、特に若手にとっては受難の時代もいいところだ。減量騎手が3キロ減で乗ることのできる期間をさらに長くするなどしないと、若手が騎乗馬を確保するのが難しくなるのではないか。何度も繰り返し戦ったうえで敗れるのなら本人も周りも納得できるが、戦うチャンスすら与えられないような状況になってはいけない。

資格試験を難しくして門戸を狭め、そこを通ってきた者たちを、プロになってからも時間をかけて育て、世界に通用する人材にしていく――。これが、岡部幸雄、武豊をはじめとする、世界で結果を出してきた騎手や、その他のスポーツ選手、また職人や企業戦士を育成する日本ならではのやり方である。日本人の気質に合っているからこそ、これまでつづいてきたのだろう。「10人のなかのひとり」が、鍛練によって「1万人のなかのひとり」を負かす。それをやってのけるのが「日本力」とでも言うべきものではないか。そうでないと、やる前からアメリカや中国など、底辺人口の多いところには適わないと両手を上げているようなものだ。

確かに外国人騎手は上手いが、例えば、スタートの速さという点では、間違いなく武豊が世界一だ。やわらかく乗って折り合いをつける技術もしかり。鞭の持ち替えの速さ、つまり、馬をまっすぐ走らせる技術など、どこをとってもデムーロやルメール、ムーアらと互角以上だろう。

かつて、岡部幸雄や武豊は、騎乗馬が決まっていなくても積極的に海外に出て、自身の技術に磨きをかけた。が、今は「世界」のほうから日本に来てくれるようになった。

地方でリーディングを獲った騎手や、外国人の一流どころを相手にしなければならない現状は、ＪＲＡ叩き上げの若手騎手にとって厳しいかもしれないが、技術を見て、盗むのに、これほど恵まれた状況はかつてなかった、と言うこともできる。

競馬がかつての熱さを取り戻すには、日本人騎手の活躍が不可欠だ。

日本馬の水準が世界トップクラスになったのは間違いない。いいクルマに乗ると運転が上手くなるように、世界トップクラスの馬に乗っている騎手の腕も当然世界の頂点に近づいていくだろう。前人未到の通算４０００勝を達成し、自身の記録を更新しつづけている武豊をはじめ、その武豊の新人最多勝記録を更新した三浦皇成、三浦以来の大型ルーキーと注目された松若風馬にも、もっと頑張ってもらいたい。

２０１６年から、日本馬が出る海外のビッグレースの馬券を日本で買えるようになった。日本馬が凱旋門賞初制覇を遂げて大ニュースになるとき、その鞍上には日本人騎手がいてほしい――と、ひとりの日本人競馬ファンとして、強く思う。

# 「悲運の天才の息子」が登り詰めた険しい山

# 福永祐一

［ふくなが・ゆういち］

ダービー制覇の夢を叶えたかつての「スーパールーキー」

Fukunaga Yuichi

| | |
|---|---|
| 生年～没年 | 1976～ |
| 出身地 | 滋賀県 |
| デビュー年～引退年 | 1996～ |
| 現役年数 | 24年 |
| 所属 | 関西 |
| 所属厩舎 | 北橋修二➡フリー |
| JRA通算勝利数（重賞勝利数） | JRA2260勝（重賞136勝） |
| 地方・海外通算勝利数 | 76勝 |
| 特記事項 | リーディングジョッキー1回 |

2018年、日本ダービーを制覇したワグネリアンと福永祐一（Keiba Book）

19度目の挑戦にして、ついに福永祐一がダービージョッキーになった。検量室前で出迎えた調教師の友道康夫はハンカチで目元を拭った。これが馬主として史上最多のダービー4勝目となり、淡々とした受け答えで知られるオーナーの金子真人の目にも涙があった。他馬の関係者やマスコミ関係者も拍手を贈った。「競馬の祭典」日本ダービーならではの光景だ。

「ふわふわして、地に足がついていない感じがします。これまでもGIを勝たせてもらっていますが、こんな気持ちになったのは初めてです」

2018年5月27日、福永は、平成最後のダービーとなった第85回日本ダービーを5番人気のワグネリアンで優勝。1番人気に支持されながら7着に敗れた皐月賞の雪辱を果たした。

本番2日前の金曜日に枠順が発表され、ワグネリアンは8枠17番という外枠だった。

友道は「目の前が真っ暗になった」と言い、福永は「ぼくの代わりに友道先生が全部言ってくれた。おかげで気が楽になりました」と笑顔を見せた。ダービーでは内枠の馬が好結果を出す傾向があるのだが、福永は「最悪の枠」を引いたことで、かえって腹を括ることができたという。「いろいろな選択肢があったのですが、それがかなり狭くなった。この乗り方でなければいけない、と。それを一番いい形にハメ込むことができました」

ゲートからある程度出して行って、内に入れるなり、前に馬を置いて、好位で折り合いをつける――というのが、友道と相談して決めたレースプランだった。

そのとおりの乗り方で、好位の外目につけたまま4コーナーを回った。

「内のブラストワンピースがものすごい手応えだった。あれだけ手応えがいいと押し出してこられるので、その隙を与えないよう、細心の注意を払ってコーナーを回りました」

ライバルの力を封じながら、自身はスムーズにコーナーを回り、直線で加速した。

しかし、前にいるエポカドーロとコズミックフォースをなかなかつかまえられない。

「最後のほうは、ほかの馬を見ないようにしました。見ると負けると思って。デビュー戦より無我夢中になりました」

逃げ粘るエポカドーロをかわしたのは、ゴールまで4、5完歩のところだった。

勝ちタイムは2分23秒6。第8レースの青嵐賞（4歳以上1000万円下）の勝ちタイムが2分22秒9という高速馬場だったが、エポカドーロの戸崎圭太が1000メートル通過1分0秒8（青嵐賞は59秒6）という絶妙のペースで逃げたがゆえに、この時計になった。

そのエポカドーロを管理する藤原英昭は「ワグネリアンは人馬ともに強かった。称賛するしかない」と福永の騎乗を讃えた——。

天才・福永洋一の息子として早くから注目されていた福永祐一は、1996（平成8）年3月2日、初騎乗から2連勝という華々しいデビューを飾った。その年53勝を挙げ、JRA賞最多勝利新人騎手を獲得する。

デビュー2年目にキングヘイローで東京スポーツ杯3歳ステークス（旧馬齢）を勝ち、JRA重賞初勝利をマーク。翌1998年、そのキングヘイローで初めて日本ダービーに参戦。2番人気に支持されるも、折り合いを欠いて14着に大敗する。勝ったのは武豊のスペシャルウィークだった。その後、2007年にアサクサキングス（優勝＝ウオッカ）、2013年にエピファネイア（優勝＝キズナ）で2着。どうしてもダービーの栄冠に手が届かなかった。

「もうこのまま勝てないいんじゃないかと思ったこともありました。調教師になって勝つしかないのかなと。初めて緊張に呑み込まれる経験をしたのがキングヘイローのダービーだった。そして、騎手人生のなかで一番悔しくて、無力感を味わったのがエピファネイアのダービーだった。かと思えば、今、経験したことのない高揚感、充実感を味わわせてくれている。こういう経験をさせてくれる特別なレースなんだと、勝ったことでわかりました。ダービーだけは違うと聞いていたのですが、香港やアメリカ、ドバイでもGⅠを勝ってきて、やはり、ダービーが一番特別でした。上手く言い表せないのですが、普通、GⅠを勝つと喜びが先に来るんですけど、ダービーは、よくわからない違う気持ちになるんです」

「スーパールーキー」と騒がれた福永もこのとき41歳。通算21勝目のGⅠは格別だった。

「友道先生はマカヒキでダービーを勝っているし、金子オーナーはダービー4勝目で、ワグネリアンの父はディープインパクト、母の父はキングカメハメハだから、ダービーを勝ってないのはぼくだけだった。この馬は、今まで乗ってきたＧⅠホースと違って、何で走るのかよくわからないんです。今日なんか、あのサイズ（４５０キロ）の馬にできる競馬じゃなかった。ねじ伏せましたからね。マイルとかで走るようになりかねない馬に距離をもたせるのは『厩舎力』だと思います。今年が平成最後のダービーというのは意識していました。次の元号でもダービージョッキーになれるよう、精進していきます」

父の福永洋一は、デビュー3年目の１９７０（昭和45）年から9年連続リーディングジョッキーとなるも、30歳だった１９７９（昭和54）年、落馬事故のため騎手生活を終える。ダービーを勝てぬまま鞭を置くことになった。

「父が一番勝ちたかったレースはダービーでした。志半ばで騎手生命を絶たれた父の代わりは誰にもできないのかもしれませんが、父と、師匠の北橋修二先生の夢をぼくが叶えたことは、喜んでくれると思います。どう報告するかは、顔を見てから決めます。ぼくは、父の名前でこの世界に入ってきました。今日は、福永洋一の息子として誇れる仕事ができたと思います」

19度目でのダービー制覇は、父と同期の柴田政人に並ぶ、初勝利までの最多騎乗記録だ。１９９８年の初騎乗から、１９９９年（落馬負傷）と２００２年以外は、すべての年でダービーの騎乗馬を得てきた。

高く、険しい山に登り詰めた福永祐一の今後がますます楽しみになった。

地方から移籍して3年連続JRAリーディング1位を獲得

# 戸崎圭太

［とさき・けいた］

天下一品の技術を持った気のいい男

Tosaki Keita

| | |
|---|---|
| 生年〜没年 | 1980〜 |
| 出身地 | 栃木県 |
| デビュー年〜引退年 | 1998〜 |
| 現役年数 | 15年 |
| 所属 | 南関東➡関東 |
| 所属厩舎 | 田島俊明 |
| JRA通算勝利数（重賞勝利数） | JRA1045勝（重賞52勝） |
| 地方・海外通算勝利数 | 2390勝 |
| 特記事項 | リーディングジョッキー3回 |

2014年、有馬記念を制覇したジェンティルドンナと戸崎圭太（Keiba Book）

戸崎圭太が地方通算2332勝という実績を引っ提げ、大井から中央に移籍したのは2013年3月のことだった。ルメールとデムーロがJRAの騎手になる2年前だ。その2013年と、そこから10年遡《さかのぼ》った2003年のJRA騎手リーディングトップ10を見てみたい。

2013年　①福永祐一（131）、②川田将雅（120）、③浜中俊（119）、④内田博幸（114）、⑤戸崎圭太（113）、⑥岩田康誠（111）、⑦北村宏司（101）、⑧武豊（97）、⑨田辺裕信（88）、⑩蛯名正義（86）

2003年　①武豊（204）、②柴田善臣（119）、③安藤勝己（112）、④藤田伸二（103）、⑤蛯名正義（101）、⑥横山典弘（90）、⑦福永祐一（83）、⑧後藤浩輝（82）、⑨田中勝春（79）、⑩北村宏司（78）

10年前と何より大きく変わったのは、内田、岩田、戸崎ら地方競馬出身の騎手が上位に来ていることである。戸崎は、移籍初年度の2013年はシーズン途中の3月からの参戦だったのに、同じ大井出身の先輩である内田に近い勝ち鞍を挙げた。

1980（昭和55）年7月に生まれた戸崎は、栃木県の、競馬サークルとは無縁の家庭で育った。小学生と中学生のときは野球少年だったという。

「試合に出たことがないので、ポジションは、なかったも同然です。しいて言うならセカンドですかね」

中学3年生の秋、進路を決める段になって父の知人から騎手という仕事があることを教えられた。中央と地方の違いも知らなかったので、地元栃木の地方競馬教養センターを受験した。「オグリキャップ」も「武豊」も聞いたことがなかったというから驚く。未知のものに打ち込むモチベーションはどのようにして得たのか問うと、「勢いだけです」と笑った。

1998（平成10）年、大井競馬場でデビューし、初陣を勝利で飾る。しかし、デビューのひと月後に落馬し左上腕と左頬を骨折、3カ月の休養を余儀なくされた。休んでいた間も、復帰してなかなか思うように乗れなかったときも、競馬とは、騎手とはどういうものなのかと悩んだ。そんなとき相談相手になり、トンネルから抜け出す方向を示してくれたのは、師匠の香取和孝のほか、現調教師の堀千亜樹ら先輩騎手だった。兄弟子の山田勝、姉弟子の山本泉、そして石崎隆之も可愛がってくれた。内田博幸が中央入りしたころから主戦として起用してくれた船橋の川島正行など、「ぼくは、出会った人々にすごく恵まれたと思います」と話す。

2007、2008、2010年に東京ダービーを制するなど大舞台で強さを発揮しながら、2008年には306勝を挙げ、初の全国リーディングジョッキーに。

2011年、地方に在籍したままリアルインパクトで安田記念を勝ち、JRA・GI初制覇。

そして前述のようにJRAに移籍した2013年、113勝を挙げてJRAリーディング5位となる。翌2014年、ジェンティルドンナで有馬記念を勝ち、八大競走初制覇。それが同年の146勝目となり、初のJRAリーディングジョッキーに。さらに2015年は130勝、2016年は187勝を挙げ、3年連続JRAリーディングジョッキーの座についた。

ストレイトガールで2015、16年のヴィクトリアマイルを連覇するなど、繊細な牝馬をやわらかな当たりでコントロールする技術は天下一品。フェアでありながら、迫力ある追い方で数々のビッグレースを制してきた。2018年にエポカドーロで皐月賞を勝ちクラシック初制覇。どこまでも自然体で、こちらの想像をはるかに上回る「吸収力」を持つ。不遜な言い方になるが、JRAに移籍した直後、私が1時間ほどのインタビューをしたその間にも、変化し、成長したことを感じさせられた。戸崎圭太とは、そういう男だ。

インタビュー中、年齢の話になると「武豊さんが200勝したのって、今のぼくぐらいのときでしたか」と私に訊いた。武が初めて年間200勝を突破したのは2003年。彼が34歳のときだった。その年、33歳になった戸崎とほぼ同じだ。それを伝えると、「ホントですか」と顔をくしゃくしゃにした。話していて気持ちいい男である。

そんな戸崎をはじめ、地方出身のトップジョッキーは数多く勝つだけではなく、大舞台でも強い。2013年以降のGI成績を見てみると、次のようになる。

２０１３年　高松宮記念、安田記念、スプリンターズＳ（岩田）、ヴィクトリアマイル、宝塚記念（内田）、阪神ＪＦ（戸崎）
２０１４年　ヴィクトリアマイル（内田）、オークス、マイルＣＳ（岩田）、有馬記念（戸崎）
２０１５年　桜花賞（岩田）、ヴィクトリアマイル、スプリンターズＳ（戸崎）
２０１６年　ヴィクトリアマイル（戸崎）
２０１７年　なし
２０１８年　フェブラリーＳ（内田）、皐月賞（戸崎）、天皇賞・春（岩田）
２０１９年　なし

ここ数年は以前ほどの勢いはないが、それでも活躍が目立つ。彼らはなぜそれほどまでに強いのか。まず第一に、地方競馬では毎日開催があるので、週末のみ開催されるＪＲＡの騎手より実戦で騎乗する機会が多いことが挙げられる。また、ＪＲＡの芝コースに比べると小回りで、幅の狭いコースで乗っていることも技術向上に寄与している。密集した馬群のなかで、細かく馬を操作するテクニックが自然と磨かれるのだろう。もうひとつ、ＪＲＡのそれに比べると、深くて重いダートコースでレースをしていることも関係している。地方競馬の騎手は、力のいる深い砂でバテかけた馬の前躯を手綱で引き起こし、下半身全体で前に押し込むようにして馬を動かす。そのテクニックが、ＪＲＡの芝のレースでも生かされるようになってきた。かつて、サンデーサイレンス産駒全盛期は、道中折り合いをつけて脚を溜めれば、最後の直線だけで前の馬をまとめてかわす瞬発力を持った馬が少なくなかった。そうした馬は「動かす」こと以上に、「抑える」技術が求められ、当たりのやわらかさが必要だった。だから、地方競馬（出身）の騎手が得意とする、当たりの強い乗り方はあまり歓迎されなかった。ところが、サンデーサイレンスが２００２年に世を去り、優れた瞬発力を持ったサンデー産駒が少なくなるにつれ、馬を「動かす」乗り方が脚光を浴びるようになってきたのである。

今やＪＲＡの生え抜きでも、蛯名正義、幸英明、川田将雅、三浦皇成らは、脚（きゃく）で馬の前躯を押し込むようにしながら尻を上下させる追い方を取り入れている。人間がおんぶ競走をするとき、上になっている者に激しく動かれると、下の者は走りづらくて仕方がない。そう考えると、尻を上下させる追い方は理に適っていないように思えるのだが、なぜか馬が動く。

理屈ではわからないことだらけなのが競馬というものなのかもしれないが、ともかく、何人ものリーディング上位騎手の騎乗フォームを変えさせるほど、地方競馬出身騎手の躍進が目覚ましいことは確かである。

# 16年ぶりのJRA女性騎手が見せる確かな騎乗

# 藤田菜七子

［ふじた・ななこ］

## アイドルからリーディングジョッキーへの可能性も秘める「2キロ減」

Fujita Nanako

| | |
|---|---|
| 生年～没年 | 1997～ |
| 出身地 | 茨城県 |
| デビュー年～引退年 | 2016～ |
| 現役年数 | 4年 |
| 所属 | 関東 |
| 所属厩舎 | 根本康広 |
| JRA通算勝利数（重賞勝利数） | JRA88勝※（重賞1勝） |
| 地方・海外通算勝利数 | 10勝 |
| 特記事項 | 2020年1月通算101勝をあげ、見習い騎手を卒業 |

※2020年1月現在　93勝

2019年、コパノキッキングでカペラステークスを勝ちJRA重賞初勝利を果たした藤田菜七子（Keiba Book）

ひな祭りの川崎競馬場が、爽やかな「菜七子祭り」に沸いた。

２０１６（平成28）年3月3日、ＪＲＡでは16年ぶり、７人目の女性騎手となる藤田菜七子が、中央デビューを前に、地方の川崎競馬場で初騎乗を果たした。

このとき18歳。そのルックスも相まって、注目度の高さは異様なほどだった。集まった報道陣は63社の１３７名、テレビカメラが31台。川崎競馬場の担当者が「初めてのこと」と驚くフィーバーぶりだった。そんななか、藤田に用意された騎乗馬は6頭。「注目されすぎてかわいそう」「デビューの日に6頭は体力的にキツい」「小回りの川崎で馬を御し切れるか」など、心配する声が多く聞かれた。ところが、フタをあけてびっくり。そうしたことを気にする必要のないレベルの騎乗で、ベテランや外国人を相手に堂々と「勝負」していた。

午前11時3分、藤田菜七子がジョッキールームから出てきた。パドックの報道エリアのシャッター音が高まり、複数のリポーターがマイクに向かってしゃべり出した。川崎競馬場全体の空気が、大げさではなく、確かに動いた。

初陣の第1レースはダート１４００メートル。騎乗する3歳牝馬のコンバットダイヤは過去3走7、9、4着という成績だが、単勝5・6倍の2番人気に支持された。明らかに「菜七子人気」による売れ方だ。コンバットダイヤがつけているメンコには「菜七子」の文字が。管理調教師の工藤信輔からのプレゼントだ。そんなところにも歓迎ムードが表れていた。

ゲート内で暴れて競走除外になった馬がいたため、2度目のファンファーレのあとに発走することになった。藤田のコンバットダイヤは、速いスタートを切った。が、ゲートを出てすぐ内に切れ込もうとするのを手綱で2度修正するうちに位置取りが後ろになり、そのまま伸びることなく8着に終わった。藤田は初陣をこう振り返った。

「ゲートに入ったときは『いよいよだな』と思いましたが、2度目のファンファーレのあとはまったく緊張しませんでした」

2戦目はダート1500メートルの第4レース。道中は縦長の馬群の後方を進み、直線で左ステッキを入れながら手綱を持ち替え、小差の4着に追い込んだ。

同じ距離で行われた、つづく第5レースも似たような展開になった。後方待機から、3、4コーナーで外から進出。直線、今度は左ステッキを連打して騎乗馬のミスターナインワン（牡7歳）を叱咤し、頭差の2着に追い込んだ。叩き合いで3着に競り落としたのは、当時、通算6800勝以上を挙げていた的場文男だった。

「おれもあの馬に6回乗ったからわかるんだけど、ズブい馬で、それを動かすんだから上手い。あの子は7000勝するよ」と的場。多少のリップサービス込みとはいえ、南関東のレジェンドにここまで言わせたのだから、たいしたものだ。

4戦目、ダート1400メートルの第8レースも、後方から追い込んで5着。5戦目、ダート1600メートルの第10レースではブービーの13着に敗れた。

そして6戦目、ダート1500メートルで行われた最終の第12レース。4歳牡馬のポットライジングに騎乗した藤田は、それまでの5戦とは一転して先行し、道中は2番手につける積極策に出た。3コーナーで外から2頭にかぶせられ、一度は前に出られたが、そこで引かずに馬の間を豪快に伸び、先頭で直線に入った。果敢な姿勢にスタンドから拍手が沸き起こった。最後は力尽きて4馬身差の3着に敗れたが、秘めていた「強さ」を見せた一戦となった。

師匠で、騎手時代ダービーを制した根元康広はこう話した。

「川崎は1、2コーナーがキツいのに、最初のレースですんなりクリアするのを見て、センスがあるな、と思いました。こちらの騎手のほか、裁決委員も『コース取りがいいし綺麗に乗る』と褒めてくれました。もし3キロの減量があれば、4着だった第4レースも、2着だった第5レースも勝っていたと思います」

デビューしてから5年未満で通算100勝以下の若手騎手には、ベテランより軽い斤量で乗ることのできる減量の特典が与えられる（ハンデ戦と特別レースを除く）。新人の場合は3キロ減となる。斤量が1キロ違うとゴールでは1馬身の差になると言われている。ところが、今回の藤田には、規程により、減量の特典が与えられなかった。ベテランとイーブンの条件だったにもかかわらず、6戦して8、4、2、5、13、3着という成績をおさめたのだから評価されていい。根本はつづける。

「最後の直線で伸びるのは、道中の当たりがいいからですかね。調教を見ている限り、まだまだだなと思っていましたが、こうしてレースのスピードのなかでステッキの持ち替えなどを見ると、スキルが高くなっている。私が思っていたより上手いですね」

１９９８年から２００５年まで、北関東の高崎競馬場に所属し91勝を挙げた元騎手で、キャスターの赤見千尋はこう言う。

「スタートが上手だし、道中の姿勢も綺麗ですよね。今日の６鞍がすごくいい経験になったと思います。これからもたくさんの騎乗機会を得れば、もっと上手くなります。競馬の取材は初めてというメディアを呼んだのも素晴らしい。楽しみな騎手が出てきましたね」

この日、川崎競馬場を訪れたファンは７２１４人。売上げは10億５７５２万３２００円（トリプル馬単を含まず）。前回開催の木曜日は、入場者数が３３６７人。売上げは７億８８９２万７８００円だったから、売上げはプラス２億７０００万円ほど、入場者数は倍以上という「菜七子効果」が見られた。なお、武豊のアムールブリエが勝った重賞のエンプレス杯が行われた前日（３月２日）の入場者数は６３９５人。それをも１０００人ほど上回った。

「今日の自分は30点でした。勉強になりました。乗せてくれた調教師さん、馬主さん、厩務員さんに感謝しています。まだまだ実力がなく、人間としても騎手としても未熟なので不安はあります。それでも、これだけたくさんの方々に取り上げてもらうのはとても嬉しいです」

特別に用意された会場で行われた最終レース後の会見で、藤田は言った。注目は単なるプレッシャーでは終わらなかった。頬が上気していたのは、6鞍に乗った疲れからではなく、はにかみからのようだ。彼女は、見かけよりずっとタフなのかもしれない。


藤田のJRAデビューは2日後の3月5日の中山第2レース、ダート1200メートルで行われた3歳未勝利戦。自厩舎のネイチャーポイントで2着だった。3月20日にはスプリングステークスでモウカッテルに騎乗し、9着。初勝利を挙げる前に重賞初騎乗を果たした。初勝利は3月24日、地方の浦和競馬第3レース。騎乗馬はアスキーコード。その日、ウインアンビションでも勝ち、JRAの女性騎手初の1日2勝を挙げた。そして4月10日、福島ダート1150メートルの4歳以上500万下をサニーデイズで勝ち、JRA初勝利をマークした。

デビューした2016年はJRAで6勝。2年目の2017年は14勝、3年目の2018年は27勝と、毎年、前年の倍ほどに勝ち鞍を伸ばしてきた。2018年8月25日には通算35勝目を挙げ、JRAの女性騎手の最多勝記録を更新。以後、自身の記録を更新しつづけている。

デビューイヤーから毎年勝ち鞍をほぼ倍に増やしていく騎手はそう多くない。藤田菜七子以外で思い浮かぶのは、6、28、51勝とした吉田豊、11、28、49勝とした松岡正海、3、23、60

勝とした吉田隼人くらいだ。3人ともGIジョッキーになったのは偶然ではない。勝ち鞍を重ね、減量面の恩恵が小さくなっても、それを埋め合わせて余りある技量の上昇度で、良質な騎乗馬を呼び寄せたのだろう。

藤田は、誰の目にもわかる「迫力」を身につけた。短距離戦でゲートから出して行くときの全身の沈め方や、馬を追うときの肘の使い方、騎乗馬を叱咤しながらハミを強く当て直す動作などが、明らかに変化している。

「私自身はそれほど変わったと感じていないのですが、もしかしたら、乗っている馬のほうが大きく感じているかもしれません」

そう謙虚に語ったが、この言葉は手応えを得ている証とも言えよう。

2018年12月に通算51勝目を挙げ、減量が☆の1キロ減になっていたのだが、2019年3月から減量ルールが替わり、▲の3キロ減に戻った。通算101勝を挙げて見習い騎手を卒業すると、男性騎手は減量がなくなるのだが、女性騎手はいくつ勝っても◇の2キロ減で乗ることができる。このルール変更は、藤田がデビューする前から検討されていたのだが、ちょうど彼女が活躍しはじめた時期と重なったので「ナナコルール」と呼ばれた。

藤田は、2019年2月17日、コパノキッキングでフェブラリーステークスに参戦。JRAの女性騎手として初めてのGI騎乗を果たし、5着と善戦した。

彼女の活躍はそれにとどまらない。同年6月30日にはスウェーデンで行われた国際女性騎手招待競走の「ウィメンジョッキーズワールドカップ」に出場した。舞台はストックホルム中心部から北西40キロほどに位置するブローパーク競馬場。地元スウェーデンのほか、英仏愛独といった欧州勢、さらにブラジルなど世界各国から招待された10人によって争われた。抽選による有利不利のないようA、B、Cのランクに分けられた騎乗馬で5つのレースに出走。着順に応じたポイントの合計で順位を決める。

そのシリーズ第2戦で、Bランクのフランシスクスに騎乗した藤田は、後方から馬群を縫うように進出して優勝。記念すべき海外初勝利を挙げた。勢いに乗った彼女は、最終第5戦で海外2勝目を挙げ、シリーズ総合優勝を果たしたのであった。デビューした年にイギリス（レースには参加せず）とUAEのアブダビ、2年目にマカオで騎乗するなど、海外で経験を積んできたことが実を結んだ。

8月10日にはイギリスのアスコット競馬場で行われたシャーガーカップに女性選抜チームの一員として出場。そうした実績が認められ、8月24、25日に札幌競馬場で行われたワールドオールスタージョッキーズに「顕著な活躍を認められた騎手」として出場した。

10月2日には大井競馬場で行われた交流重賞の東京盃をコパノキッキングで優勝。女性騎手による史上初の交流重賞制覇をなし遂げた。3日後の10月5日、新潟競馬場で8鞍に騎乗し4

勝。自身の持つ女性騎手の1日の最多勝利記録を更新した。

同年第3回新潟開催で9勝を挙げ、女性騎手として J R A 史上初となる開催リーディングを獲得。年間の新潟開催でも計20勝となり、女性騎手として J R A 史上初の競馬場年間リーディングジョッキーとなった。2位は13勝（2着15回）の戸崎圭太、3位は13勝（2着13回）の兄弟子、丸山元気だった。あの戸崎を上回ったところに大きな価値と「本物感」がある。

12月8日には中山ダート1200メートルの第12回カペラステークスにコパノキッキングで参戦。3コーナーで前の馬に離されても慌てず、4コーナーで外から差を詰めた。そして直線、ラスト200メートル手前で素早く鞭を持ち替え、ゴーサインの右ステッキを入れた。流麗なモーションで馬を反応させ、2馬身半差で勝利をもぎ取った。藤田は女性騎手として史上初めての J R A 平地重賞制覇をなし遂げた。なお、これが藤田にとって、通算99勝目（J R A 89勝、地方10勝）となった。

2020年1月11日、藤田は中山第6レースで通算101勝目を挙げ、見習い騎手を卒業した。それにより、女性騎手限定の◇の2キロ減となったのだが、今の彼女の腕で2キロ減はものすごく大きなアドバンテージになる。

藤田菜七子の進化はとどまるところを知らない。

［初出一覧］

■「週刊競馬ブック」競馬はじめて物語2018年5月27日号〜2019年7月21日号／根岸競馬場（西郷従道）／斉藤すみ／保田隆芳／前田長吉／野平祐二

■「うまレター」勝負師列伝2018年12月号別冊、2019年1月号〜2020年1月号／岡部幸雄／加賀武見／増沢末夫／郷原洋行／田島良保／嶋田功／河内洋／南井克巳／小島太／福永洋一／岡部幸雄／柴田政人／的場文男

■「優駿」名手の軌跡 武豊　2016年4月号〜12月号

■「Number Web」沸騰！日本サラブ列島 2015年2月7日（デムーロ、ルメール）、4月4日（後藤浩輝）、2016年3月4日、2019年12月10日（藤田菜七子）、2018年5月28日（福永祐一）

■「netkeiba.com」熱視点 2014年8月22日（神崎利木蔵）、2015年2月28日（後藤浩輝）

※以上をもとに大幅に加筆・修正。その他、書き下ろしを加えました。

# 日本競馬年表

| | |
|---|---|
| 1862 | ●横浜新田の競馬場で日本初の洋式競馬が行われる |
| 1875 | ●根岸競馬場で西郷従道が日本人騎手・馬主として初勝利<br>●(【米】第1回 ケンタッキーダービー) |
| 1920 | ●(【仏】第1回 凱旋門賞) |
| 1923 | ●競馬法制定 |
| 1932 | ●第1回 東京優駿大競走(現・東京優駿=日本ダービー)。ワカタカ騎乗の函館孫作が初代ダービージョッキーになる |
| 1934 | ●第1回 大障碍特別競走(現・中山大障害) |
| 1936 | ●斉藤すみ日本女性初の騎手免許交付<br>●日本競馬会設立許可 |
| 1937 | ●第1回 天皇賞(第14回までは帝室御賞典、15回は平和賞) |
| 1938 | ●第1回 阪神優駿牝馬(現・優駿牝馬)<br>●第1回 京都農林省賞典四歳呼馬(現・菊花賞) |
| 1939 | ●第1回 中山四歳牝馬特別(現・桜花賞)<br>●第1回 横浜農林省賞典四歳呼馬(現・皐月賞) |
| 1941 | ●セントライト、初の三冠達成 |
| 1943 | ●20歳の前田長吉、牝馬クリフジでダービー制覇。最年少ダービージョッキーに |
| 1945 | ●第2次大戦終了/国営競馬に(日本競馬会の解散は1948年) |
| 1946 | ●2歳(当時の表記は3歳)戦がスタート |
| 1949 | ●関東の2歳王者決定戦として、第1回 朝日杯3歳ステークス(現・朝日杯FS)<br>●関西の2歳王者決定戦として、第1回 阪神3歳ステークス(現・阪神JF) |
| 1951 | ●第1回 安田賞(現・安田記念) |
| 1954 | ●日本中央競馬会(JRA)発足<br>●第1回の中央競馬を東京・京都両競馬場で開催<br>●啓衆社賞(年度表彰)はじまる |
| 1956 | ●第1回 中山グランプリ(現・有馬記念)<br>●日本短波放送による中央競馬の実況中継放送開始 |
| 1957 | ●騎手安全帽と枠順による色別帽を採用。<br>●中山競馬場で勝馬投票券発売集計器(トータライザー)を導入 |

| | |
|---|---|
| **1958** | ●保田隆芳ハクチカラと渡米。日本人騎手の戦後海外初騎乗を果たす |
| **1959** | ●ハクチカラ、日本調教馬として初の海外重賞（米・ワシントンバースデーハンデキャップ）制覇 |
| **1960** | ●第1回 宝塚記念 |
| **1963** | ●保田隆芳、中央競馬史上初の通算1,000勝を達成<br>●第5回京都競馬第1日から場内有線テレビ放送を開始 |
| **1964** | ●場内テレビでオッズ（配当率）と出走馬の体重を発表<br>●東京オリンピック馬場馬術競技、馬事公苑で行われる<br>●シンザン、三冠達成 |
| **1969** | ●栗東トレーニングセンター開場<br>●日本馬としてスピードシンボリが初めて凱旋門賞参戦。騎手は野平祐二 |
| **1970** | ●皐月賞でアローエクスプレスが柴田政人から加賀武見へ「乗り替わり」事件 |
| **1971** | ●この年度から優駿賞はじまる（決定・表彰は翌年から） |
| **1972** | ●有馬記念で1競走の売得金が初めて100億円台に乗る |
| **1973** | ●東京競馬場で場内有線テレビのカラー化実施<br>●ハイセイコー、皐月賞制覇。騎手は増沢末夫 |
| **1974** | ●皐月賞で初のシード制実施（キタノカチドキ）<br>●嶋田功、史上初のオークス3連覇<br>●ハイセイコー、史上初の2億円馬となる |
| **1975** | ●グランドマーチスが中山大障害4連勝を飾り初の3億円馬となる |
| **1976** | ●電話投票制度の運用開始<br>●ダービーで断然人気の「天馬」トウショウボーイを加賀武見騎乗の4番人気馬クライムカイザーが差し切って優勝<br>●第1回 エリザベス女王杯 |
| **1977** | ●年間勝馬投票売得金初の1兆円突破 |
| **1978** | ●美浦トレーニングセンター開場<br>●福永洋一、1970年から9年連続リーディング1位 |
| **1979** | ●福永洋一、毎日杯で落馬<br>●郷原洋行初の全国リーディング1位に |
| **1981** | ●日本初の国際招待競走第1回ジャパンカップ競走が東京競馬場で行われる |

| | |
|---|---|
| 1982 | ●馬事公苑白井分苑に競馬学校開校<br>●オークス、エリザベス女王杯当日を"レディースデー"とする |
| 1983 | ●吉永正人騎乗のミスターシービーがシンザン以来19年ぶり3頭目の三冠達成 |
| 1984 | ●グレード制導入<br>●東京競馬場に初のターフビジョン設置<br>●重賞競走は原則としてすべて全国発売となる<br>●JRA顕彰馬制度設立<br>●天皇賞・秋が3200mから2000mに<br>●第1回 マイルチャンピオンシップ<br>●シンボリルドルフ、史上初の無敗の三冠馬となる。騎手は岡部幸雄<br>●田原成貴、83年に続き2年連続リーディング1位に |
| 1985 | ●栗東トレーニング・センターに坂路調教馬場完成 |
| 1986 | ●メジロラモーヌ、重賞6連勝でエリザベス女王杯を勝ち史上初の牝馬三冠馬となる |
| 1987 | ●武豊騎手デビュー<br>●日本中央競馬会の略称JRAおよびシンボルマーク、場外勝馬投票券発売所の愛称ウインズ(WINS)を制定<br>●皇太子・同妃両殿下が東京競馬場に来場。施行50周年記念・第96回天皇賞・秋を観覧 |
| 1988 | ●「JRA賞」が制定、授賞式挙行 |
| 1990 | ●スプリンターズSが1200mとして初のG1に<br>●ダービー当日、196,517名の中央競馬史上最高入場者数を記録<br>●オグリキャップ、ラストランを飾る |
| 1991 | ●武豊騎手が米国サラトガ競馬場で、日本人騎手初の海外重賞競走制覇<br>●「馬連」を発売開始 |
| 1993 | ●柴田政人19度目のダービー参戦。ウイニングチケットで勝利 |
| 1994 | ●スキーパラダイスが仏・ムーランドロンシャン賞を勝利。武豊が日本人騎手による初めての海外G1制覇を果たす<br>●外国人騎手に対し短期免許交付開始<br>●サンデーサイレンス、初年度産駒デビュー<br>●ナリタブライアン、史上5頭目の三冠馬となる。騎手は南井克巳 |
| 1995 | ●岡部幸雄が通算勝利数を2,017勝とし、中央競馬史上最多勝を更新<br>●京都競馬場で阪神・淡路大震災の復興支援競馬を開催<br>●中央競馬のアラブ競走廃止<br>●有馬記念の売得金が800億円を突破 |

| | |
|---|---|
| 1996 | ●JRA、初の女性騎手3名がデビュー（細江純子、牧原由貴子、田村真来）<br>●第1回 NHKマイルカップ<br>●第1回 秋華賞（エリザベス女王杯が古馬G1に）<br>●高松宮杯（現・高松宮記念）G1に<br>●JRA年間売上ピーク<br>●（【UAE】第1回 ドバイワールドカップ） |
| 1997 | ●フェブラリーSがダートで初めてのG1に<br>●エアグルーヴ、牝馬では26年ぶりの年度代表馬<br>●JRAホームページを開設<br>●年間勝馬投票売得金初の4兆円突破 |
| 1998 | ●シーキングザパールがモーリスドゲスト賞（仏G1）で日本調教馬として初めての海外G1制覇達成 |
| 1999 | ●「ワイド」発売開始<br>●メイセイオペラ、地方所属馬として初の中央G1（フェブラリーS）制覇<br>●エルコンドルパサー、欧州長距離主要G1で活躍（サンクルー大賞制覇、凱旋門賞2着） |
| 2000 | ●外国産馬の天皇賞出走可能に（2頭まで）<br>●関口房朗（フサイチペガサス）、日本人オーナーとしてケンタッキーダービー初制覇<br>●河内洋、アグネスフライトでダービー勝利。アグネスレディー、アグネスフローラに続き母仔3代クラシック制覇<br>●アグネスワールド、日本馬としてイギリスG1（ジュライC）初制覇<br>●テイエムオペラオー、古馬中長距離G1全制覇 |
| 2001 | ●馬齢表記の変更（数え年廃止）<br>●外国産馬のダービー出走可能に（2頭まで）<br>●テイエムオペラオーが史上初の天皇賞3連覇<br>●香港ヴァーズ（G1）でステイゴールド、香港マイル（G1）でエイシンプレストン、香港カップ（G1）でアグネスデジタルがそれぞれ優勝<br>●武豊、海外で38勝（JRA65勝） |
| 2002 | ●「馬単」「3連複」を発売開始<br>●「IPAT」の運用開始 |
| 2003 | ●安藤勝己、地方出身騎手として初めて中央競馬に移籍<br>●外国人騎手（ミルコ・デムーロ）によるダービー初制覇<br>●スティルインラブが桜花賞、オークスに続き秋華賞を制し、史上2頭目の牝馬三冠馬となる |

| | |
|---|---|
| 2004 | ●「3連単」を発売開始<br>●JRA史上初めて同一競馬場で1日にG1 2競走（ジャパンカップ&ジャパンカップダート）を施行<br>●オリビエ・ペリエが有馬記念3連覇達成（2002、2003年シンボリクリスエス、2004年ゼンノロブロイ） |
| 2005 | ●アメリカンオークスを福永祐一騎手騎乗のシーザリオが、レースレコードで優勝。日本馬の米国G1制覇は史上初めて<br>●ディープインパクト、21年ぶり無敗の三冠達成<br>●東京競馬場でほぼ100年ぶりの天覧競馬。天皇賞・秋を松永幹夫騎乗の牝馬ヘヴンリーロマンスが勝利<br>●武豊が自身の持つJRA年間最多勝記録を212勝に更新 |
| 2006 | ●ハーツクライがドバイシーマクラシック（G1）優勝。日本馬によるドバイG1競走制覇は初<br>●東京競馬場に世界最大級マルチ画面ターフビジョンが登場<br>●豪州・メルボルンC（G1）でデルタブルースとポップロックが日本馬のワンツーを記録。日本馬初の南半球G1制覇<br>●日本が2007年からICSC（国際セリ名簿基準委員会）におけるパートI国入りすることが決定 |
| 2007 | ●ウオッカが64年ぶりとなる牝馬による日本ダービー制覇<br>●武豊がJRA通算2,944勝（1万4104戦目）を達成し、岡部幸雄が持つJRA最多勝記録を更新。18度目のリーディング1位達成 |
| 2008 | ●「JRAプレミアム」「JRAプラス10」が初めて実施される<br>●ダイワスカーレット、牝馬として37年ぶりの有馬記念制覇<br>●アグネスタキオン、内国産として51年ぶりのリーディングサイアー<br>●三浦皇成騎手がJRA新人年間最多勝記録91勝達成 |
| 2010 | ●アパパネ、牝馬3冠 |
| 2011 | ●「東日本大震災被災地支援競馬」を阪神・小倉競馬場で実施<br>●WIN5 発売開始<br>●ドバイワールドカップでM.デムーロ騎乗のヴィクトワールピサが日本馬初勝利<br>●オルフェーヴルが史上7頭目の三冠馬になる |
| 2012 | ●ジェンティルドンナが史上4頭目の牝馬三冠を達成<br>●内田博幸が菊花賞をゴールドシップで優勝し地方＋中央の六冠騎手に<br>●天皇・皇后両陛下が東京競馬場で第146回天皇賞・秋を観覧 |

| | |
|---|---|
| 2013 | ●降着・失格のルールを変更<br>●地方から移籍の戸崎圭太が初年度でリーディング5位。翌年から3年連続リーディング1位に<br>●ロードカナロアが香港スプリント(G1)を連覇 |
| 2014 | ●WIN5の最高払戻金額を2億円から6億円に変更 |
| 2015 | ●M.デムーロ、クリストフ・ルメール騎手が海外競馬から中央競馬に転身<br>●後藤浩輝騎手、死亡<br>●【米】アメリカンファラオ、史上初のグランドスラム(米三冠＋ブリーダーズカップ・クラシック)達成 |
| 2016 | ●16年ぶりのJRA女性騎手・藤田菜七子デビュー<br>●凱旋門賞において、日本国内で初めてとなる海外競馬の競走における勝馬投票券発売を実施 |
| 2017 | ●武豊が主戦騎手で歌手・北島三郎が馬主のキタサンブラックが2年連続JRA年度代表馬になり引退 |
| 2018 | ●JRAキャッシュレス投票サービス「UMACA投票」を開始<br>●日本生産馬のヨシダが、アメリカダートG1(ウッドワードS)初制覇<br>●福永祐一が柴田政人に並ぶ19度目の挑戦のワグネリアンでダービー制覇<br>●的場文男、地方競馬通算最多勝新記録の7152勝達成<br>●C.ルメール騎乗のアーモンドアイが史上5頭目の牝馬三冠馬となる<br>●武豊JRA4000勝達成<br>●C.ルメールが武豊が持つ年間最多勝利数(212勝)を超える215勝を挙げ、記録更新 |
| 2019 | ●藤田菜七子「ウィメンジョッキーズワールドカップ」優勝 |

# あとがき

本書の冒頭に記した「馬7人3」に関して、私はこう考えたことがあった。「人」というのは騎手だけではないのではないか、と。「人」というのは、その馬が母親の胎内にいるときから飼養管理をする生産者や、素質を見込んで購入する馬主、調教メニューとレースプランを組む調教師、身の回りの世話をする厩務員、普段の稽古に騎乗する調教助手までも、本当は含めて考えるべきなのかもしれない。しかし、そうすると、「人3」どころではなく、「人5」か、場合によっては「人7」になることもありそうだ。やはり、ケースバイケースではあるが、ゲートが開いてからは、「馬7人3」が妥当なのだろう。

わずか「3」に過ぎなくても、それはものすごく大事な「3」である。どんな「3」かによって、レースの醍醐味や、後世における位置づけなどが一変することもある。

本書は、150年ほど前から今に至る、そうした「3」の物語である。

その顔ぶれや、記した分量と内容には、私の主観が入っている。

私は、日本にモンキー乗りをひろめた保田隆芳を尊敬している。20代前半を戦地で過ごしながらも第一線で活躍し、30代の終わりにアメリカに渡り、フォームを改造した。そして、50歳になる年まで現役をつづけた。その足跡を振り返るたびに勇気づけられる。ブランクや加齢などは言い訳にならない、と身が引き締まる。直接話すことができたのは、第2のホースマン人生である調教師を引退したあとなのだが、あの時間は私にとって今も宝物になっている。

最年少ダービージョッキーの前田長吉は、遺骨が「帰郷」したときから取材を繰り返し、彼の評伝でＪＲＡ賞馬事文化賞を受賞することができた。私に幸運をくれた存在である。

武豊も特別な存在だ。年齢は私のほうが上なのだが、迷ったときや困ったとき、彼ならどうするだろう、と考えることが今でもある。頭がよく、思考が柔軟で、感覚の幅がひろいので、非常にユニークな表現で馬やレースを描写する。また、爽やかで、礼儀正しく、感情の起伏を表に出さないにもかかわらず、独特の威圧感を与えられることがある。言葉ではない部分で馬とコミュニケートすることの達人であるがゆえに、空気を震わせるように相手に自分の感情や意図を伝えるすべを身につけているのだろう。

騎手というのは、言葉に頼らず（舌鼓や声でコミュニケートすることもあるが）、パートナーである馬の気持ちと肉体を操るプロフェッショナルである。その職能を、巨額の金が賭けられた状態で、大観衆に見つめられ、声援や怒声を浴びながら発揮しなければならない。究極のプレッシャースポーツの担い手でもあるのだ。

ＪＲＡがＣＩ（コーポレート・アイデンティティ）戦略でその略称を用いるようになった１９８７（昭和62）年の馬券の売上げは１兆９７３１億４２１９万２０００円だった。翌１９８８年は２兆２０６７億４８４１万６００円。出版界全体の売上げが約２兆円と言われており、それを超えてからも右肩上がりで（阪神大震災が発生した１９９５年だけは微減）伸びつづけ、ピークの１９９７（平成９）年には４兆円を突破した。しかし、そこからゆるやかな下降線をたどり、東日本大震災が発生した２０１１（平成23）年には２兆２９３５億７８０５万３６００円にまで落ち込んだ。が、それを底にまた上昇に転じ、２０１９年は２兆８８１７億８８６６万１７００円にまで盛り返した。

騎手たちは、年間売上げが３兆円に達しようかという巨大産業の「顔」でもある。

１９８０年代には２５０人ほどＪＲＡの騎手がいたのだが、ジョッキーエージェント（騎乗依頼仲介者）の登場により一部の騎手への騎乗依頼が集中し、さらに、地方競馬出身の騎手や、短期免許で来日する外国人騎手などの参戦で淘汰が進んだ。２０２０年１月終了時は、短期免許の外国人を除いて１３５人。１００人以上も減っている。２０１２年には障害レースで騎手が足りず、出走を取り消す馬が現れる事態も発生した。そのため、ＪＲＡは、２０１３年に受験する２０１４年度の騎手試験から、元騎手の実技試験を免除するなど条件を緩和し、もう少し騎手を増やす方向へとルールを変えた。その復帰第一号が、福永祐一と同期の柴田未崎だった。その年、ミルコ・デムーロは一度目のチャレンジで不合格に終わっている。

かつて競馬学校騎手課程の合格者が10人以上いた年も珍しくなかったのだが、三浦皇成が入学した2005年は3人だけで、その後も多くても7人ほどと少数に絞られている。

これからも、騎手全体は微増、微減で、このくらいの人数が保たれていくのか。

2018年にJRAの通年免許試験に不合格となった「マジックマン」ジョアン・モレイラは、今後の再受験の可能性を否定していないし、フランスの美人騎手ミカエル・ミシェルも日本で通年免許を取りたいと話している。もし彼らが加われば、130数人の騎手たちの個性がさらに濃さを増す。本文でも述べたように、JRA叩き上げの若手騎手が騎乗機会を得るのはますます難しくなるが、自国にいながらにして世界最高レベルの騎手たちと叩き合うことのできる環境にいることをプラスにとらえて、腕を磨いてほしい。

オグリキャップ、ディープインパクト、キタサンブラック、アーモンドアイ……と、競馬場の外にまで存在を知られるスターホースはときおり登場するが、1987年にデビューした武豊を超えるスタージョッキーは現れていない。

武豊がスーパークリークやシャダイカグラ、オグリキャップ、ディープインパクトの背で私たちに大きな驚きと感動、そして衝撃を与えたように、その騎乗で私たちの気持ちを揺さぶる若きスーパージョッキーは現れるか。そのときを待ちたい。

# ジョッキーズ

## 歴史《れきし》をつくった名騎手《めいきしゅ》たち

2020年3月25日　第1刷発行

| | |
|---|---|
| 著者 | 島田明宏《しまだあきひろ》 |
| ブックデザイン | 金井久幸＋髙橋美緒［TwoThree］ |
| 校正校閲 | 坂田いずみ |
| 編集協力 | 高見澤秀（マイストリート） |
| 本文DTP | 臼田彩穂 |
| オビ写真 | 倉元一浩 |
| 編集 | 高部哲男、矢作奎太 |
| 発行人 | 北畠夏影 |
| 発行所 | 株式会社イースト・プレス<br>〒101-0051<br>東京都千代田区神田神保町2-4-7久月神田ビル<br>Tel. 03-5213-4700　Fax 03-5213-4701<br>https://www.eastpress.co.jp |
| 印刷所 | 中央精版印刷株式会社 |


ISBN 978-4-7816-1868-5